KUNSTEN AT BAGE VEGANBRØD HJEMME

En vegansk tilgang til hjemmebagt brød gennem 100 opskrifter

Søren Jansson

Copyright materiale ©2024

Alle rettigheder forbeholdes

Ingen del af denne bog må bruges eller transmitteres i nogen form eller på nogen måde uden korrekt skriftligt samtykke fra udgiveren og copyright-indehaveren, bortset fra korte citater brugt i en anmeldelse. Denne bog bør ikke betragtes som en erstatning for medicinsk, juridisk eller anden professionel rådgivning.

INDHOLDSFORTEGNELSE

INDHOLDSFORTEGNELSE 3
INTRODUKTION 6
PORTUGISISK BRØD 7
    1. BOLA DE CARNE 8
    2. BROA DE MILHO 11
    3. PÃO ALENTEJANO 13
    4. PAPO-SECO ELLER CARCAÇA 15
    5. PÃO DE MAFRA 18
    6. BROA DE AVINTES 21
    7. PÃO DE CENTEIO 23
    8. BROA DE AVINTES 25
    9. PÃO DE ÁGUA 27
    10. PÃO DE BATATA 29
    11. PÃO AF MEALHADA 31
    12. PÃO DE ALFARROBA 33
    13. PÃO DE RIO MAIOR 35
    14. PÃO DE CENTEIO 37
    15. REGUEIFA 39
SPANSK BRØD 41
    16. PAN CON TOMATE 42
    17. PAN RUSTICO 44
    18. PAN DE PAYÉS 46
    19. PAN GALLEGO 48
    20. PANCUBANSK O _ 51
    21. PAN DE ALFACAR 53
    22. PAN CATETO 55
    23. PAN DE CRUZ 57
    24. PATAQUETA 59
    25. TELERA 61
    26. LLONGUET 63
    27. BOROÑA 65
    28. PISTOL 67
    29. REGAÑAO 69
    30. TORTA DE ARANDA 72
    31. TXANTXIGORRI 74
    32. PAN DE SEMILLAS 76
    33. OREJA 79
GRÆSK BRØD 81
    34. LAGANA 82
    35. HORIATIKO PSOMI 84
    36. LADENI 86

- 37. Psomi Pita ... 89
- 38. Psomi Spitiko ... 91
- 39. Koulouri Thessalonikis ... 93
- 40. Artos ... 96
- 41. Zea ... 98
- 42. Paximathia ... 100
- 43. Batzina ... 103
- 44. Psomi Tou Kyrion ... 105
- 45. Xerotigana ... 108

FRANSK BRØD ... 111
- 46. Baguette ... 112
- 47. Baguetter Au Levain ... 116
- 48. Pain d'Épi ... 118
- 49. Pain d'Épi Aux Herbes ... 121
- 50. Fouée ... 125
- 51. Fougasse ... 128
- 52. Fougasse à l'Ail ... 131
- 53. Fougasse Au Romarin ... 133
- 54. Pain De Campagne ... 135
- 55. Boule De Pain ... 138
- 56. La Petite Boule De Pain ... 141
- 57. Smerte Færdig ... 144
- 58. Pain Aux Noix ... 147
- 59. Gibassier ... 150
- 60. Smerte Au Søn ... 152
- 61. Faluche ... 154
- 62. Pain De Seigle ... 156
- 63. Miche ... 159

ITALIENSK BRØD ... 161
- 64. Grissini Alle Erbe ... 162
- 65. Rude Pugliese ... 164
- 66. Grissini ... 167
- 67. Rude Pita ... 169
- 68. Rude Al Farro ... 171
- 69. Focaccia ... 174
- 70. Focaccia Di Mele ... 177
- 71. Schiacciata ... 180
- 72. Pane Di Altamura ... 182
- 73. Rude Casareccio ... 184
- 74. Rude Toscano ... 186
- 75. Pane Di Semola ... 188
- 76. Rude Al Pomodoro ... 190
- 77. Rude Alle Oliven ... 192

78. Rude Alle Noci 194
79. Rude Alle Erbe 196
80. Pane Di Riso 198
81. Pane Di Ceci 200
82. Pane Di Patate 202
83. Taralli 204

TYRKISK BRØD 206

84. Simit 207
85. Ekmek 210
86. Lahmacun 212
87. Bazlama 215
88. Sırıklı Ekmek 217
89. Lavaş 219
90. Acı Ekmeği 221
91. Peksimet 224
92. Cevizli Ekmek 226
93. Yufka 228
94. Pide Ekmek 230
95. Vakfıkebir Ekmeği 232
96. Karadeniz Yöresi Ekmeği 235
97. Köy Ekmeği 238
98. Tost Ekmeği 241
99. Kaşarlı Ekmek 243
100. Kete 246

KONKLUSION 249

INTRODUKTION

Velkommen til "KUNSTEN AT BAGE VEGANBRØD HJEMME", et kulinarisk eventyr, hvor vi udforsker verden af vegansk bagning gennem 100 dejlige brødopskrifter. Denne kogebog er din guide til at skabe lækkert og plantebaseret brød i dit eget køkken. Tag med os på en rejse, der hylder det kunstneriske ved vegansk brødfremstilling, fra duften af hævede dej til tilfredsstillelsen ved at nyde et friskbagt brød.

Forestil dig et køkken fyldt med duften af varmt brød, gyldne skorper og sunde ingredienser, der passer til din veganske livsstil. "Kunsten at bage vegansk brød derhjemme" er ikke bare en samling af opskrifter; det er en udforskning af teknikkerne, smagene og glæden, der følger med at lave vegansk brød. Uanset om du er en garvet bager eller en ny i veganismens verden, er disse opskrifter lavet til at inspirere dig til at skabe lækre og grusomhedsfrie brød.

Fra klassiske sandwichbrød til håndværksmæssige surdej og fra søde morgenmadsgodbidder til salte rundstykker, hver opskrift er en fejring af den alsidighed og kreativitet, som vegansk bagning tilbyder. Uanset om du bager til morgenmad, frokost, aftensmad eller en dejlig snack, er denne kogebog din foretrukne ressource til at løfte dine veganske brødfremstillingsevner.

Tag med os, når vi dykker ned i kunsten af vegansk brød, hvor hver opskrift er et vidnesbyrd om de muligheder og lækkerhed, der opstår, når plantebaserede ingredienser samles. Så saml dit mel, gær og vegansk-venlige ingredienser, omfavn glæden ved at bage, og lad os tage på en kulinarisk rejse gennem "Kunsten at bage vegansk brød hjemme."

PORTUGISISK BRØD

1. Bola De Carne

INGREDIENSER:
TIL DEJEN:
- 4 kopper brødmel
- 10 g salt
- 10 g sukker
- 7g instant tørgær
- 250 ml varmt vand
- 2 spsk olivenolie

TIL FYLDET:
- 300 g hakket oksekød (eller en blanding af okse- og svinekød)
- 1 lille løg, finthakket
- 2 fed hvidløg, hakket
- 1 lille gulerod, fint revet
- 1 spsk tomatpure
- 1 tsk paprika
- Salt og peber efter smag
- Frisk hakket persille (valgfrit)

INSTRUKTIONER:
a) I en stor røreskål kombineres brødmel, salt og sukker.
b) I en separat lille skål opløses den instant tørgær i varmt vand. Lad det sidde i cirka 5 minutter, indtil det bliver skummende.
c) Hæld gærblandingen i skålen med melblandingen. Tilsæt olivenolien. Bland godt, indtil alle ingredienserne er grundigt kombineret og danner en klistret dej.
d) Kom dejen over på en let meldrysset overflade og ælt den i cirka 10 minutter, indtil den bliver glat og elastisk.
e) Læg dejen tilbage i røreskålen, dæk den med et rent køkkenrulle eller plastfolie, og lad den hæve et lunt sted i cirka 1 til 2 timer, eller indtil den fordobles i størrelse.
f) Mens dejen hæver, tilberedes fyldet. I en stegepande opvarmes lidt olivenolie over medium varme. Tilsæt det hakkede løg og hakket hvidløg, og sauter, indtil de bliver gennemsigtige.
g) Tilsæt hakkebøffen (eller oksekøds- og svinekødsblandingen) til stegepanden og steg indtil brunet. Tilsæt revet gulerod, tomatpure, paprika, salt og peber. Rør godt for at kombinere alle

ingredienserne. Kog i yderligere et par minutter, indtil smagene blandes sammen. Fjern fra varmen og lad det køle af.

h) Når dejen er hævet, overføres den til en meldrysset overflade og deles den i to lige store portioner.

i) Tag en portion dej og rul den ud til en cirkel eller oval form, cirka ¼ tomme tyk.

j) Fordel halvdelen af kødfyldet over den udrullede dej, og efterlad en lille kant rundt om kanterne.

k) Rul den anden del af dejen ud i en lignende form og læg den oven på kødfyldet, og forsegl kanterne sammen. Du kan krympe kanterne med fingrene eller bruge en gaffel til at presse dem sammen.

l) Forvarm din ovn til 200°C (400°F).

m) Overfør den samlede Bola de Carne til en bageplade beklædt med bagepapir. Skær et par overfladiske snit på toppen af brødet for at lade damp slippe ud under bagningen.

n) Bag Bola de Carne i den forvarmede ovn i cirka 30 til 35 minutter, eller indtil den er gyldenbrun på ydersiden og lyder hul, når du banker på bunden.

o) Tag Bola de Carne ud af ovnen og lad den køle lidt af, inden den skæres i skiver og serveres.

2. Broa De Milho

INGREDIENSER:
- 250 g majsmel (fint eller mellemmalet)
- 250 g hvedemel
- 10 g salt
- 10 g sukker
- 10 g aktiv tørgær
- 325 ml varmt vand
- Olivenolie, til smøring

INSTRUKTIONER:
a) I en stor røreskål kombineres majsmel, hvedemel, salt og sukker.
b) Opløs gæren i varmt vand i en separat skål og lad den sidde i cirka 5 minutter, indtil den bliver skummende.
c) Hæld gærblandingen i skålen med majsmel og mel. Bland godt, indtil alle ingredienserne er grundigt kombineret og danner en klistret dej.
d) Dæk skålen til med et rent køkkenrulle eller plastfolie og lad dejen hæve et lunt sted i cirka 1 til 2 timer, eller indtil den har fordoblet størrelsen.
e) Forvarm din ovn til 200°C (400°F) og smør en bageplade eller beklæd den med bagepapir.
f) Når dejen er hævet, form den forsigtigt til et rundt eller ovalt brød og læg det på den forberedte bageplade.
g) Dæk brødet med et rent køkkenrulle og lad det hæve i yderligere 30 minutter.
h) Efter den anden hævning, brug en skarp kniv eller et barberblad til at lave et par overfladiske snit på toppen af brødet. Dette vil hjælpe brødet med at udvide sig under bagningen.
i) Sæt bagepladen i den forvarmede ovn og bag brødet i cirka 30 til 35 minutter, eller indtil det er gyldenbrunt på ydersiden og lyder hult, når der bankes på bunden.
j) Når broa de milho er bagt, tag den ud af ovnen og lad den køle af på en rist, inden den skæres i skiver og serveres.

3.Pão Alentejano

INGREDIENSER:
- 4 kopper stærkt brødmel
- 350 ml varmt vand
- 10 g salt
- 5 g aktiv tørgær

INSTRUKTIONER:
a) Kombiner brødmel og salt i en stor røreskål.
b) Opløs gæren i varmt vand i en separat skål og lad den sidde i cirka 5 minutter, indtil den bliver skummende.
c) Hæld gærblandingen i skålen med mel og salt. Rør godt rundt, indtil ingredienserne er helt blandet og danner en klistret dej.
d) Dæk skålen til med et rent køkkenrulle eller plastfolie og lad dejen hæve et lunt sted i cirka 1 til 2 timer, eller indtil den har fordoblet størrelsen. Dette gør det muligt for gæren at gære og udvikle smag.
e) Når dejen er hævet, forvarm din ovn til 220°C (425°F).
f) Mel en ren overflade let og vend dejen ud på den. Ælt dejen i cirka 10 minutter, indtil den bliver glat og elastisk.
g) Form dejen til et rundt brød og læg den på en bageplade beklædt med bagepapir eller et smurt bradepande.
h) Dæk brødet med et rent køkkenrulle og lad det hæve i yderligere 30 minutter.
i) Når dejen har hævet igen, brug en skarp kniv eller et barberblad til at lave et par diagonale snit på toppen af brødet. Dette vil give brødet mulighed for at udvide sig under bagningen.
j) Sæt bagepladen i den forvarmede ovn og bag brødet i cirka 30 til 35 minutter, eller indtil det bliver gyldenbrunt og lyder hult, når du banker på bunden.
k) Når brødet er bagt, tag det ud af ovnen og lad det køle af på en rist inden det skæres i skiver og serveres.
l) Nyd din hjemmelavede Pão Alentejano!

4. Papo-Seco eller Carcaça

INGREDIENSER:
- 4 kopper brødmel
- 10 g salt
- 10 g sukker
- 7g instant tørgær
- 300 ml varmt vand
- Olivenolie
- Ekstra mel til aftørring

INSTRUKTIONER:
a) I en stor røreskål kombineres brødmel, salt, sukker og instant tørgær.
b) Tilsæt gradvist det varme vand til de tørre ingredienser, mens du rører med en træske eller spatel.
c) Fortsæt med at røre, indtil dejen samles og bliver for svær at røre.
d) Kom dejen over på en let meldrysset overflade og ælt den i cirka 10 minutter, indtil den bliver glat og elastisk.
e) Form dejen til en kugle og læg den tilbage i røreskålen. Dryp lidt olivenolie over dejen og vend den for at dække den jævnt med olie.
f) Dæk skålen til med et rent køkkenrulle eller plastfolie og lad dejen hæve et lunt sted i cirka 1 til 2 timer, eller indtil den har fordoblet størrelsen.
g) Når dejen er hævet, skal du slå den ned for at slippe luften ud og overføre den tilbage til den meldrysede overflade.
h) Del dejen i mindre portioner, der hver vejer omkring 70-80g, afhængig af den ønskede størrelse på rundstykkerne.
i) Form hver portion til en rund kugle ved at folde kanterne nedenunder og rulle den mod overfladen med din håndflade.
j) Læg de formede rundstykker på en bageplade beklædt med bagepapir, så der er lidt mellemrum mellem dem til udvidelse.
k) Dæk bagepladen med et rent køkkenrulle og lad rundstykkerne hæve i yderligere 30 minutter.
l) Forvarm din ovn til 220°C (425°F).
m) Når rundstykkerne er hævet, skal du bruge en skarp kniv eller et barberblad til at lave et par diagonale snit på toppen af hver rulle.

n) Sæt bagepladen i den forvarmede ovn og bag rundstykkerne i cirka 15 til 20 minutter, eller indtil de bliver gyldenbrune og lyder hule, når de bankes på bunden.

o) Når Papo-seco eller Carcaça er bagt, tag dem ud af ovnen og lad dem køle af på en rist inden servering.

p) Nyd din hjemmelavede Papo-seco eller Carcaça! De er perfekte til sandwich eller serveret sammen med dine yndlingsretter.

5.Pão De Mafra

INGREDIENSER:
- 1 kg brødmel
- 20 g salt
- 20 g sukker
- 20 g frisk gær
- 700 ml varmt vand
- Olivenolie
- Ekstra mel til aftørring

INSTRUKTIONER:

a) I en stor røreskål kombineres brødmel, salt og sukker.

b) I en separat lille skål opløses den friske gær i en lille mængde varmt vand. Hvis du bruger aktiv tørgær, skal du opløse den i en lille mængde varmt vand med en knivspids sukker og lade den sidde i 5 minutter, indtil den bliver skummende.

c) Lav en fordybning i midten af melblandingen og hæld den opløste gærblanding i.

d) Tilsæt gradvist det varme vand til skålen, mens du rører med en træske eller spatel. Fortsæt med at blande, indtil dejen er samlet.

e) Kom dejen over på en let meldrysset overflade og ælt den i cirka 10-15 minutter, indtil den bliver glat, elastisk og let klistret.

f) Form dejen til en kugle og læg den tilbage i røreskålen. Dryp lidt olivenolie over dejen og vend den for at dække den jævnt med olie.

g) Dæk skålen til med et rent køkkenrulle eller plastfolie og lad dejen hæve et lunt sted i cirka 2 til 3 timer, eller indtil den har fordoblet størrelsen.

h) Når dejen er hævet, skal du slå den ned for at slippe luften ud og overføre den tilbage til den meldrysede overflade.

i) Del dejen i to lige store portioner og form hver portion til et rundt eller ovalt brød. Læg brødene på en bageplade beklædt med bagepapir.

j) Dæk bagepladen med et rent køkkenrulle og lad brødene hæve i yderligere 30 til 60 minutter.

k) Forvarm din ovn til 230°C (450°F).

l) Når brødene har hævet, skal du bruge en skarp kniv eller et barberblad til at lave et par diagonale snit på toppen af hvert brød.

m) Sæt bagepladen i den forvarmede ovn og bag brødene i cirka 25 til 30 minutter, eller indtil de bliver gyldenbrune og lyder hule, når der bankes på bunden.

n) Når Pão de Mafra er bagt, tag brødene ud af ovnen og lad dem køle af på en rist, inden de skæres i skiver og serveres.

6. Broa De Avintes

INGREDIENSER:
- 250 g majsmel (fint eller mellemmalet)
- 250 g hvedemel
- 10 g salt
- 10 g sukker
- 7 g aktiv tørgær
- 325 ml varmt vand
- Olivenolie, til smøring

INSTRUKTIONER:
a) I en stor røreskål kombineres majsmel, hvedemel, salt og sukker.
b) I en separat lille skål opløses den aktive tørgær i varmt vand. Lad det sidde i cirka 5 minutter, indtil det bliver skummende.
c) Hæld gærblandingen i skålen med majsmel og mel. Bland godt, indtil alle ingredienserne er grundigt kombineret og danner en klistret dej.
d) Dæk skålen til med et rent køkkenrulle eller plastfolie og lad dejen hæve et lunt sted i cirka 1 til 2 timer, eller indtil den er fordoblet i størrelse.
e) Forvarm din ovn til 200°C (400°F) og smør en bageplade eller beklæd den med bagepapir.
f) Når dejen er hævet, form den forsigtigt til et rundt eller ovalt brød og læg det på den forberedte bageplade.
g) Dæk brødet med et rent køkkenrulle og lad det hæve i yderligere 30 minutter.
h) Efter den anden hævning, brug en skarp kniv eller et barberblad til at lave et par overfladiske snit på toppen af brødet. Dette vil hjælpe brødet med at udvide sig under bagningen.
i) Sæt bagepladen i den forvarmede ovn og bag brødet i cirka 30 til 35 minutter, eller indtil det er gyldenbrunt på ydersiden og lyder hult, når du banker på bunden.
j) Når Broa de Avintes er bagt, tag den ud af ovnen og lad den køle af på en rist, inden den skæres i skiver og serveres.

7. Pão De Centeio

INGREDIENSER:
- 250 g rugmel
- 250 g brødmel
- 10 g salt
- 7g instant tørgær
- 325 ml varmt vand
- Olivenolie, til smøring
- Ekstra mel til aftørring

INSTRUKTIONER:
a) I en stor røreskål kombineres rugmel, brødmel og salt.
b) I en separat lille skål opløses den instant tørgær i varmt vand. Lad det sidde i cirka 5 minutter, indtil det bliver skummende.
c) Hæld gærblandingen i skålen med mel og salt. Bland godt, indtil alle ingredienserne er grundigt kombineret og danner en klistret dej.
d) Dæk skålen til med et rent køkkenrulle eller plastfolie og lad dejen hæve et lunt sted i cirka 1 til 2 timer, eller indtil den har fordoblet størrelsen.
e) Forvarm din ovn til 220°C (425°F) og smør en bageplade eller beklæd den med bagepapir.
f) Når dejen er hævet, lægges den over på en let meldrysset overflade og formes den til et rundt eller ovalt brød.
g) Læg brødet på den forberedte bageplade. Lav et par overfladiske snit på toppen af brødet med en skarp kniv eller et barberblad.
h) Dæk brødet med et rent køkkenrulle og lad det hæve i yderligere 30 minutter.
i) Bag brødet i den forvarmede ovn i cirka 35 til 40 minutter, eller indtil det er gyldenbrunt og lyder hult, når du banker på bunden.
j) Når Pão de Centeio er bagt, tag den ud af ovnen og lad den køle af på en rist, inden den skæres i skiver og serveres.

8.Broa De Avintes

INGREDIENSER:
- 250 g majsmel
- 250 g brødmel
- 10 g salt
- 7g instant tørgær
- 325 ml varmt vand
- Olivenolie, til smøring

INSTRUKTIONER:

a) I en stor røreskål kombineres majsmel, brødmel, salt og instant tørgær.

b) Tilsæt gradvist det varme vand til de tørre ingredienser, mens du blander. Fortsæt med at blande, indtil alle ingredienserne er grundigt kombineret og danner en klistret dej.

c) Kom dejen over på en let meldrysset overflade og ælt den i cirka 10 minutter, indtil den bliver glat og elastisk. Tilsæt eventuelt mere mel, men pas på ikke at gøre dejen for tør.

d) Læg dejen tilbage i røreskålen, dæk den med et rent køkkenrulle eller plastfolie, og lad den hæve et lunt sted i cirka 1 til 2 timer, eller indtil den fordobles i størrelse.

e) Når dejen er hævet, forvarm din ovn til 200°C (400°F).

f) Slå dejen ned for at slippe luften ud og form den til et rundt brød eller individuelle ruller, alt efter hvad du foretrækker.

g) Læg den formede dej på en bageplade beklædt med bagepapir. Skær et par flade udskæringer på toppen af brødet, så det kan udvides under bagningen.

h) Dæk bagepladen med et rent køkkenrulle og lad dejen hæve i yderligere 30 minutter.

i) Bag Broa de Avintes i den forvarmede ovn i cirka 30 til 35 minutter, eller indtil den er gyldenbrun på ydersiden og lyder hul, når du banker på bunden.

j) Tag brødet ud af ovnen og lad det køle af på en rist inden servering.

1.
2.

9. Pão De Água

INGREDIENSER:
- 4 kopper brødmel
- 2 tsk salt
- 2 tsk instant gær
- 2 kopper lunkent vand

INSTRUKTIONER:
a) Kombiner brødmel, salt og instant gær i en stor skål.
b) Tilsæt det lunkne vand gradvist, og rør godt, indtil der dannes en blød dej.
c) Overfør dejen til en meldrysset overflade og ælt i cirka 10 minutter, indtil den bliver glat og elastisk.
d) Læg dejen tilbage i skålen, dæk den til med et klæde, og lad den hæve et lunt sted i 1-2 timer eller indtil den er dobbelt så stor.
e) Forvarm ovnen til 450°F (230°C) og læg en bagesten eller bageplade på den midterste rille.
f) Slå dejen ned og form den til et rundt eller ovalt brød.
g) Læg brødet på en bageplade beklædt med bagepapir og lad det hæve i yderligere 30 minutter.
h) Brug en skarp kniv til at lave skrå skrå på toppen af brødet
i) Flyt bagepladen over på den forvarmede bagesten eller bageplade i ovnen.
j) Bages i cirka 30-35 minutter eller indtil brødet er gyldenbrunt og lyder hult, når der bankes på bunden.
k) Tag den ud af ovnen og lad den køle af på en rist inden den skæres i skiver og serveres.

10.Pão De Batata

INGREDIENSER:
- 2 mellemstore kartofler, skrællet og skåret i tern
- 1 kop varmt vand
- 2 spsk olivenolie
- 1 spsk instant gær
- 2 tsk salt
- 4 kopper brødmel

INSTRUKTIONER:

a) Læg kartoflerne i tern i en gryde og dæk dem med vand. Kog til kartoflerne er gaffelmøre.

b) Dræn de kogte kartofler og mos dem til glatte. Lad det køle lidt af.

c) I en stor skål kombineres det varme vand, olivenolie, instant gær og salt. Bland godt.

d) Tilsæt kartoffelmosen til blandingen og rør, indtil det er godt blandet.

e) Tilsæt brødmelet gradvist, bland godt, indtil der dannes en blød dej.

f) Overfør dejen til en meldrysset overflade og ælt i cirka 10 minutter eller indtil den bliver glat og elastisk.

g) Læg dejen tilbage i skålen, dæk den til med et klæde, og lad den hæve et lunt sted i 1-2 timer eller indtil den er dobbelt så stor.

h) Forvarm ovnen til 375°F (190°C) og smør en brødform.

i) Slå dejen ned og form den til et brød. Læg den i den smurte brødform.

j) Dæk gryden til med et klæde og lad dejen hæve i yderligere 30 minutter.

k) Bages i cirka 30-35 minutter, eller indtil brødet er gyldenbrunt og lyder hult, når du banker på bunden.

l) Tag den ud af ovnen og lad den køle af på en rist inden den skæres i skiver og serveres.

11.Pão af Mealhada

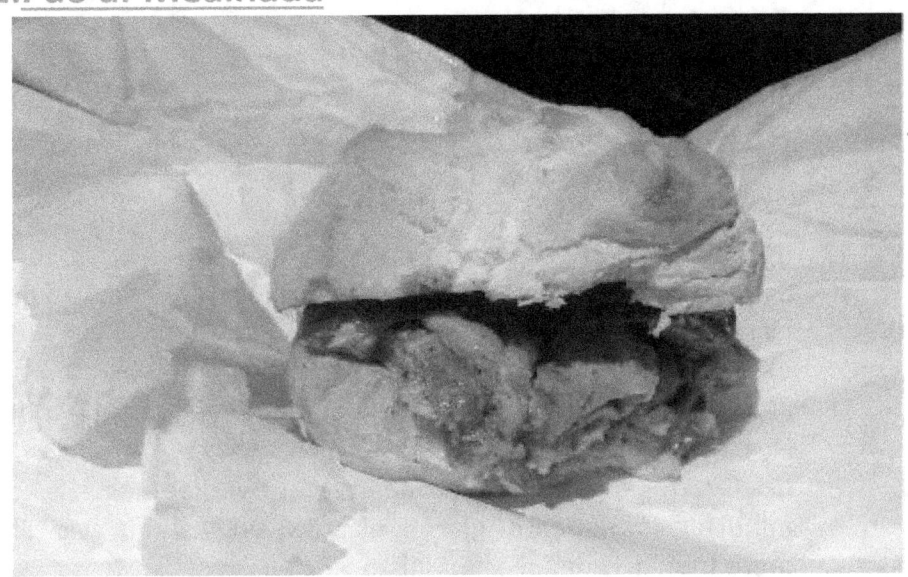

INGREDIENSER:
- 4 kopper brødmel
- 1 pakke (2 ¼ teskefulde) aktiv tørgær
- 1 tsk sukker
- 1 tsk salt
- 2 kopper varmt vand

INSTRUKTIONER:
a) I en lille skål opløses gær og sukker i varmt vand. Lad det sidde i 5 minutter, indtil det skummer.
b) Kombiner brødmel og salt i en stor røreskål.
c) Hæld gærblandingen i melblandingen og bland godt til en klistret dej.
d) Overfør dejen til en let meldrysset overflade og ælt i cirka 10 minutter, indtil den er glat og elastisk. Du skal muligvis tilføje lidt mere mel, hvis dejen er for klistret.
e) Læg dejen i en smurt skål, dæk den med et rent køkkenrulle, og lad den hæve et lunt sted i cirka 1 time, eller indtil den er dobbelt så stor.
f) Forvarm ovnen til 450°F (230°C).
g) Slå dejen ned og form den til et rundt brød.
h) Læg brødet på en bageplade beklædt med bagepapir.
i) Brug en skarp kniv til at lave flere overfladiske skrå på toppen af brødet.
j) Lad dejen hvile i yderligere 15 minutter.
k) Bag brødet i den forvarmede ovn i cirka 20-25 minutter eller indtil sværen er gyldenbrun og brødet lyder hult, når der bankes på bunden.
l) Tag brødet ud af ovnen og lad det køle af på en rist inden det skæres i skiver.

12.Pão De Alfarroba

INGREDIENSER:
- 4 kopper brødmel
- 1 pakke (2 ¼ teskefulde) aktiv tørgær
- 1 tsk sukker
- 1 tsk salt
- 2 spsk johannesbrødpulver
- 2 spsk olivenolie
- 1½ dl varmt vand

INSTRUKTIONER:
a) I en lille skål opløses gær og sukker i varmt vand. Lad det sidde i 5 minutter, indtil det skummer.
b) Kombiner brødmel, salt og johannesbrødpulver i en stor røreskål.
c) Hæld gærblandingen og olivenolie i melblandingen og bland det godt sammen til en klistret dej.
d) Overfør dejen til en let meldrysset overflade og ælt i cirka 10 minutter, indtil den er glat og elastisk. Du skal muligvis tilføje lidt mere mel, hvis dejen er for klistret.
e) Læg dejen i en smurt skål, dæk den med et rent køkkenrulle, og lad den hæve et lunt sted i cirka 1 time, eller indtil den er dobbelt så stor.
f) Forvarm ovnen til 400°F (200°C).
g) Slå dejen ned og form den til et rundt brød eller ønsket form.
h) Læg brødet på en bageplade beklædt med bagepapir.
i) Lad dejen hvile i yderligere 15 minutter.
j) Bag brødet i den forvarmede ovn i cirka 25-30 minutter eller indtil sværen er gyldenbrun og brødet lyder hult, når der bankes på bunden.
k) Tag brødet ud af ovnen og lad det køle af på en rist inden det skæres i skiver.

13.Pão De Rio Maior

INGREDIENSER:
- 4 kopper brødmel
- 1 pakke (2 ¼ teskefulde) aktiv tørgær
- 1 tsk sukker
- 1 tsk salt
- 2 kopper varmt vand

INSTRUKTIONER:

a) I en lille skål opløses gær og sukker i varmt vand. Lad det sidde i 5 minutter, indtil det skummer.

b) Kombiner brødmel og salt i en stor røreskål.

c) Hæld gærblandingen i melblandingen og bland godt til en klistret dej.

d) Overfør dejen til en let meldrysset overflade og ælt i cirka 10 minutter, indtil den er glat og elastisk. Du skal muligvis tilføje lidt mere mel, hvis dejen er for klistret.

e) Læg dejen i en smurt skål, dæk den med et rent køkkenrulle, og lad den hæve et lunt sted i cirka 1 time eller indtil den er dobbelt så stor.

f) Forvarm ovnen til 450°F (230°C).

g) Slå dejen ned og form den til et rundt eller ovalt brød.

h) Læg brødet på en bageplade beklædt med bagepapir.

i) Lad dejen hvile i yderligere 15 minutter.

j) Skær toppen af brødet med en skarp kniv, og lav små skråstreg.

k) Bag brødet i den forvarmede ovn i cirka 20-25 minutter eller indtil sværen er gyldenbrun og brødet lyder hult, når der bankes på bunden.

l) Tag brødet ud af ovnen og lad det køle af på en rist inden det skæres i skiver.

m) Nyd din hjemmelavede Pão de Rio Maior som en lækker tilføjelse til dine måltider eller som en velsmagende snack!

14. Pão De Centeio

INGREDIENSER:
- 2 kopper rugmel
- 2 kopper brødmel
- 1 pakke (2 ¼ teskefulde) aktiv tørgær
- 1 tsk sukker
- 1 tsk salt
- 1½ dl varmt vand

INSTRUKTIONER:
a) I en lille skål opløses gær og sukker i varmt vand. Lad det sidde i 5 minutter, indtil det skummer.
b) I en stor røreskål kombineres rugmel, brødmel og salt.
c) Hæld gærblandingen i melblandingen og bland godt til en klistret dej.
d) Overfør dejen til en let meldrysset overflade og ælt i cirka 10 minutter, indtil den er glat og elastisk. Du skal muligvis tilføje lidt mere mel, hvis dejen er for klistret.
e) Læg dejen i en smurt skål, dæk den med et rent køkkenrulle, og lad den hæve et lunt sted i cirka 1 time, eller indtil den er dobbelt så stor.
f) Forvarm ovnen til 400°F (200°C).
g) Slå dejen ned og form den til et rundt eller ovalt brød.
h) Læg brødet på en bageplade beklædt med bagepapir.
i) Lad dejen hvile i yderligere 15 minutter.
j) Skær toppen af brødet med en skarp kniv, og lav små skråstreg.
k) Bag brødet i den forvarmede ovn i cirka 40-45 minutter eller indtil sværen er mørkegyldenbrun og brødet lyder hult, når der bankes på bunden.
l) Tag brødet ud af ovnen og lad det køle af på en rist inden det skæres i skiver.

15. Regueifa

INGREDIENSER:
- 4 kopper brødmel
- 2 ¼ teskefulde aktiv tørgær
- 1 tsk sukker
- 1 tsk salt
- 2 spsk olivenolie
- 1½ dl varmt vand
- Groft sukker eller sesamfrø, til topping (valgfrit)

INSTRUKTIONER:
a) I en lille skål opløses gær og sukker i varmt vand. Lad det sidde i 5 minutter, indtil det skummer.
b) Kombiner brødmel og salt i en stor røreskål.
c) Hæld gærblandingen og olivenolie i melblandingen og bland det godt sammen til en klistret dej.
d) Overfør dejen til en let meldrysset overflade og ælt i cirka 10 minutter, indtil den er glat og elastisk. Du skal muligvis tilføje lidt mere mel, hvis dejen er for klistret.
e) Læg dejen i en smurt skål, dæk den med et rent køkkenrulle, og lad den hæve et lunt sted i cirka 1 time, eller indtil den er dobbelt så stor.
f) Forvarm ovnen til 400°F (200°C).
g) Slå dejen ned og del den i to lige store portioner.
h) Tag den ene del af dejen og form den til et langt, rundt brød ved at rulle det på en let meldrysset overflade. Gentag med den anden del af dejen.
i) Læg de formede brød på en bageplade beklædt med bagepapir, så der er lidt mellemrum mellem dem.
j) Dæk brødene til med et rent køkkenrulle, og lad dem hæve i yderligere 30-45 minutter, indtil de er blevet dobbelt så store.
k) Drys groft sukker eller sesamfrø ovenpå for ekstra smag og dekoration.
l) Bag brødene i den forvarmede ovn i cirka 20-25 minutter, eller indtil de er gyldenbrune og lyder hule, når der bankes i bunden.
m) Tag brødene ud af ovnen og lad dem køle af på en rist, inden de skæres i skiver.

SPANSK BRØD

16. Pan Con Tomate

INGREDIENSER:
- 1 fed hvidløg (most)
- 1 spsk salt
- 4 mellemstore tomater (revet for at fjerne skind og frø)
- 1 spsk olivenolie
- 1 brød i skiver (usyret eller fuld hvede)

INSTRUKTIONER:
a) Rist brødskiver ved 250 F, indtil hver skive er brun på begge sider.
b) Hæld olivenolie i en skål. Tilsæt salt i skålen. Rør grundigt.
c) Fordel moset hvidløgssaft på det ristede brød.
d) Fordel den revne tomatblanding på brødet.
e) Fordel også olie- og saltblandingen på brødet.
f) Server straks

17.Pan Rustico

INGREDIENSER:
- 2 ¾ kopper vand
- 5 tsk aktiv tørgær
- 7 kopper brødmel
- 1 spsk salt
- ¼ kop olivenolie, gerne ekstra jomfru
- Majsmel til drysning af bageplade

INSTRUKTIONER:
a) Drys gæren over let varmt (95 grader) vand i en lille skål eller et målebæger. Rør let. Lad sidde i 10 minutter.
b) Mål melet, og kom i skålen med en køkkenmikser med en dejkrog påsat. Hvis du laver i hånden, læg melet i en stor røreskål.
c) Tænd for mixeren, tilsæt salt til melet og lad det blande. Dryp langsomt olivenolien i melet, mens røremaskinen kører. Hvis du laver i hånden, så brug et piskeris.
d) Dryp langsomt gær- og vandblandingen i. Lad dejen ælte på maskine i 4 minutter.
e) Hvis du laver i hånden, kombinerer du melet med gær- og vandblandingen med en træske, og vend derefter dejen ud på en meldrysset overflade og ælt i 5 minutter.
f) Efter æltning skal du have en glat, fjedrende dej, der hopper let tilbage, når du trykker med fingeren. Tjek dejens tekstur under æltningsprocessen. Hvis dejen er klistret, tilsæt op til ½ kop ekstra mel.
g) Dæk dejen i skålen med vokspapir, der er sprøjtet med madlavningsspray, derefter med et køkkenrulle. Lad hæve i 1 time eller indtil fordoblet.
h) Ælt den hævede dej i hånden på en meldrysset overflade i cirka et minut for at fjerne luft. Form dejen til 2 lige store kugler, og læg dem på en 15-tommers bageplade, der er drysset rigeligt med majsmel.
i) Dæk brødene igen med vokspapir og et køkkenrulle, og lad dem hæve endnu en gang i 20-25 minutter eller indtil fordoblet. Forvarm imens ovnen til 425 grader.
j) Bag brødene i 23-25 minutter eller indtil de er brune. Bag 5 minutter længere for en sprødere skorpe.

18.Pan De Payés

INGREDIENSER:
- 4 kopper brødmel
- 1½ tsk salt
- 2 tsk aktiv tørgær
- 2 kopper varmt vand

INSTRUKTIONER:
a) Kombiner brødmel og salt i en stor røreskål.
b) I en separat lille skål opløs gæren i varmt vand og lad den sidde i et par minutter, indtil den bliver skummende.
c) Hæld gærblandingen i melblandingen og bland indtil en pjusket dej dannes.
d) Overfør dejen til en let meldrysset overflade og ælt i cirka 10 minutter, eller indtil dejen bliver glat og elastisk.
e) Læg dejen tilbage i røreskålen, dæk med et rent køkkenrulle eller plastfolie, og lad den hæve et lunt sted i cirka 1-2 timer, eller indtil den fordobles i størrelse.
f) Når dejen er hævet, slås den forsigtigt ned for at frigøre eventuelle luftbobler. Form dejen til et rundt eller ovalt brød.
g) Læg den formede dej på en bageplade beklædt med bagepapir eller en smurt bradepande. Dæk den til med et køkkenrulle og lad den hæve igen i cirka 1 time, eller til den er steget lidt i størrelse.
h) Forvarm ovnen til 450°F (230°C).
i) Lige inden bagning drysses toppen af dejen let med mel, og du laver et par stykker på overfladen med en skarp kniv.
j) Bag brødet i den forvarmede ovn i cirka 25-30 minutter, eller indtil sværen er gyldenbrun og brødet lyder hult, når der bankes på bunden.
k) Tag brødet ud af ovnen og lad det køle af på en rist inden det skæres i skiver og serveres.

19.Pan Gallego

INGREDIENSER:
TIL LEVAIN BYGGET
- 3½ tsk moden starter
- 3½ tsk brødmel
- 1¾ tsk fuldkornshvedemel
- 1¾ teskefulde rugmel
- 6 spiseskefulde + 2 teskefulde lunkent vand (100 grader F)

ENDELIG DEJ
- 3¼ kopper brødmel
- 4½ spiseskefulde rugmel
- 1¾ kopper vand, stuetemperatur
- 7 spsk + 1 tsk af levain
- 2 tsk salt

INSTRUKTIONER:
AT FÅ LEVAIN TIL AT BYGGE
a) Kombiner levain-ingredienserne i en mellemstor skål. Rør rundt, dæk med plastfolie, og lad hvile ved stuetemperatur i fire timer.

b) Brug med det samme eller stil levainen i køleskabet i op til 12 timer for at bruge den næste dag.

AT LAVE DEN ENDELIG DEJ
c) Bland melet og 325 gram af vandet. Tilsæt 50 gram mere af vandet og bland, dæk til og stil til side til hvile i 45 minutter.

d) Tilsæt levain og 25 gram mere vand, og rør for at kombinere. Dæk og lad sidde i 1 time.

e) Tilsæt saltet og 25 gram af vandet til dejen og brug fingrene til at klemme og presse saltet ind i dejen for at opløses.

f) Når saltet er opløst, stræk og fold dejen flere gange. Dæk til og lad hvile i 30 minutter.

g) Stræk og fold dejen igen. Dæk til og lad massen hæve i fire timer.

h) Form dejen til en boule og lad den trække i 15 minutter. Spænd brødet op og læg det i en håndklædebeklædt banneton, søm opad og dæk med olieret plastfolie.

i) Hæv brødet ved stuetemperatur i 2 til 3 timer.

j) Flyt brødet til køleskabet og hæv i 8 til 10 timer mere.
k) Tag brødet ud af køleskabet.
l) Lad brødet komme til stuetemperatur, cirka 2 timer.
m) Opvarm ovnen til 475 grader F med en hollandsk ovn på den midterste rille.
n) Vend dejen ud på et stykke bagepapir, søm nedad. Tag fat i toppen af dejen med hånden og træk den så langt op som du kan. Sno den rundt og form den til en knude. Lad det falde tilbage på toppen af dejen.
o) Brug en skarp kniv til at skære forsigtigt fire jævnt fordelte vinkelrette slidser ind i dejen for at give den lidt plads til at udvide sig.
p) Løft dejen med bagepapiret ind i den forvarmede hollandske ovn, Dæk til, og sæt brødet i ovnen. Bages i 15 minutter. Reducer ovnen til 425 grader F.
q) Fjern låget og bagning i yderligere 15 til 20 minutter, indtil brødet har nået en indre temperatur på 205 grader F.
r) Afkøl helt på en rist.

20. Pancubansk o

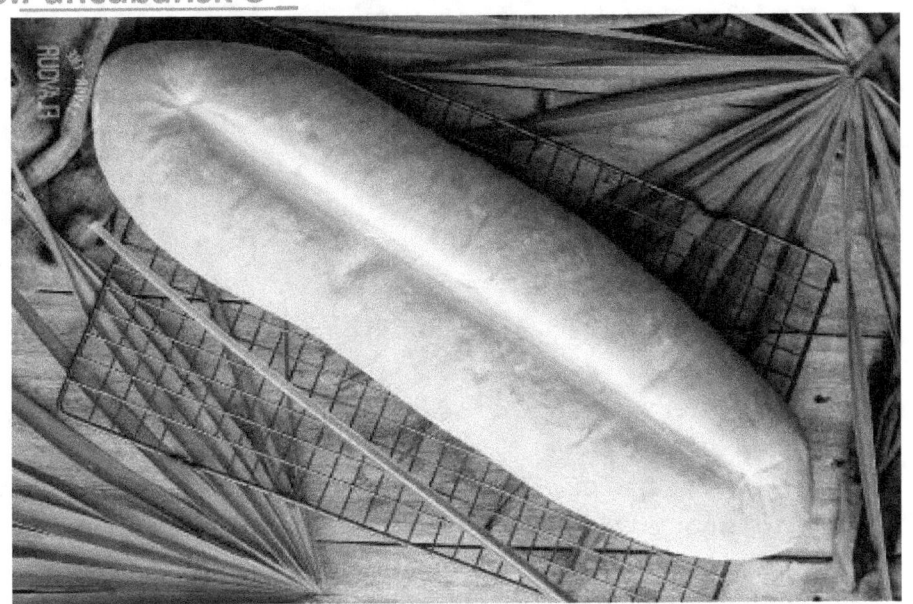

INGREDIENSER:
- 3 pakker aktiv tørgær majsmel
- 4 tsk brun farin
- 2 kopper vand
- ¾ Kop varmt vand
- 5-6 kopper brødmel, delt
- 1 spsk salt

INSTRUKTIONER:

a) Få en røreskål: Rør gær, farin og varmt vand i den. Lad det sidde i 11 min.

b) Tilsæt saltet med 3 til 4 kopper mel. Bland dem, indtil du får en blød dej.

c) Læg dejen på en meldrysset overflade. Ælt det i 9 til 11 min.

d) Smør en skål og læg dejen i den. Dæk den med en plastfolie. Lad det hvile i 46 min i 1 time.

e) Når tiden er gået, æltes dejen i 2 min. Form den til 2 brød.

f) Drys lidt majsmel på en bageplade. Læg brødene heri og dæk dem med et køkkenrulle.

g) Lad dem sidde i 11 min. Brug en pizzaskærer til en kniv til at lave to skår på toppen af hvert brød.

h) Før du gør noget, skal du forvarme ovnen til 400 F.

i) Sæt brødformen i ovnen. Lad dem koge i 32 til 36 minutter, indtil de bliver gyldenbrune.

j) Lad brødene køle helt af. Server dem med hvad du ønsker.

k) God fornøjelse.

21. Pan De Alfacar

INGREDIENSER:
- 4 kopper universalmel
- ½ kop granuleret sukker
- 2 spsk frisk gær
- 1 kop varmt vand
- ½ kop olivenolie
- 1 tsk salt
- Skal af 1 citron
- Pulversukker, til aftørring

INSTRUKTIONER:
a) Opløs gæren i varmt vand i en lille skål og lad den sidde i cirka 5 minutter, indtil den bliver skummende.
b) I en stor røreskål kombineres mel, sukker, salt og citronskal. Lav en brønd i midten og hæld gærblandingen og olivenolie i.
c) Bland ingredienserne sammen, indtil der dannes en dej. Du kan bruge en træske eller dine hænder til at ælte dejen. Hvis dejen føles for tør, tilsættes lidt varmere vand, en spiseskefuld ad gangen, indtil den samler sig.
d) Kom dejen over på en ren, let meldrysset overflade og ælt den i cirka 10 minutter, indtil den bliver glat og elastisk.
e) Læg dejen i en smurt skål og dæk den med et rent køkkenrulle eller plastfolie. Lad dejen hæve et lunt sted i cirka 1 til 2 timer, indtil den fordobles i størrelse.
f) Forvarm din ovn til 180°C (350°F). Smør en bageplade eller beklæd den med bagepapir.
g) Når dejen er hævet, slås den ned for at frigøre eventuelle luftbobler. Overfør dejen til den forberedte bageplade og form den til et rundt brød.
h) Dæk brødet med et køkkenrulle og lad det hæve i yderligere 30 minutter.
i) Bag Pan de Alfacar i den forvarmede ovn i cirka 30 til 35 minutter, eller indtil den bliver gyldenbrun og lyder hul, når du banker på bunden.
j) Tag brødet ud af ovnen og lad det køle af på en rist.
k) Når Pan de Alfacar er afkølet, drys den rigeligt med melis før servering.

22.Pan Cateto

INGREDIENSER:
- 4 kopper fuldkornshvedemel
- 2 tsk salt
- 1 ¼ kopper vand
- 1 spsk frisk gær

INSTRUKTIONER:

a) I en stor røreskål kombineres fuldkornshvedemel og salt.

b) I en separat lille skål opløs gæren i varmt vand og lad den sidde i cirka 5 minutter, indtil den bliver skummende.

c) Lav en fordybning i midten af melblandingen og hæld gærblandingen i.

d) Bland ingredienserne sammen, indtil der dannes en groft dej.

e) Kom dejen over på en ren, let meldrysset overflade og ælt den i cirka 10 minutter, indtil den bliver glat og elastisk. Du skal muligvis tilsætte mere mel, hvis dejen er for klistret.

f) Læg dejen i en smurt skål og dæk den med et rent køkkenrulle eller plastfolie. Lad dejen hæve et lunt sted i cirka 1 til 2 timer, indtil den fordobles i størrelse.

g) Forvarm din ovn til 220°C (425°F). Hvis du har en bagesten eller bageplade, skal du også sætte den i ovnen til forvarmning.

h) Når dejen er hævet, slås den ned for at frigøre eventuelle luftbobler. Form dejen til et rundt eller ovalt brød, og læg den på en bageplade beklædt med bagepapir eller på den forvarmede bagesten.

i) Skær toppen af dejen med en skarp kniv for at skabe dekorative mønstre eller for at hjælpe brødet med at udvide sig under bagningen.

j) Bag panden cateto i den forvarmede ovn i cirka 30 til 40 minutter, eller indtil den udvikler en gyldenbrun skorpe og lyder hul, når du banker på bunden.

k) Tag brødet ud af ovnen og lad det køle af på en rist inden det skæres i skiver og serveres.

23.Pan De Cruz

INGREDIENSER:
- 4 kopper brødmel
- 2 tsk salt
- 2 tsk granuleret sukker
- 2 ¼ teskefulde aktiv tørgær
- 1 ⅓ kopper varmt vand
- Olivenolie, til smøring
- Valgfrit: sesamfrø eller groft salt til drys

INSTRUKTIONER:

a) I en lille skål opløses sukker og gær i varmt vand. Lad det sidde i cirka 5 minutter, indtil det bliver skummende.

b) Kombiner brødmel og salt i en stor røreskål. Lav en brønd i midten og hæld gærblandingen i.

c) Bland ingredienserne sammen, indtil der dannes en dej. Kom dejen over på en ren, let meldrysset overflade og ælt den i cirka 10 minutter, indtil den bliver glat og elastisk. Tilsæt mere mel, hvis det er nødvendigt for at undgå at klæbe.

d) Læg dejen i en smurt skål og dæk den med et rent køkkenrulle eller plastfolie. Lad dejen hæve et lunt sted i cirka 1 til 2 timer, indtil den fordobles i størrelse.

e) Forvarm din ovn til 220°C (425°F). Hvis du har en bagesten eller bageplade, skal du også sætte den i ovnen til forvarmning.

f) Når dejen er hævet, slås den ned for at frigøre eventuelle luftbobler. Overfør dejen til en let meldrysset overflade og form den til et rundt eller ovalt brød.

g) Brug en skarp kniv eller en dejskraber til at lave to dybe, skærende skråstreg på toppen af brødet for at danne en krydsform.

h) Valgfrit: Drys sesamfrø eller groft salt over toppen af brødet for ekstra smag og dekoration.

i) Overfør det formede brød over på den forvarmede bagesten eller bageplade.

j) Bag pan de cruz i den forvarmede ovn i cirka 25 til 30 minutter, eller indtil den udvikler en gyldenbrun skorpe og lyder hul, når du banker på bunden.

k) Tag brødet ud af ovnen og lad det køle af på en rist inden det skæres i skiver og serveres.

24. Pataqueta

INGREDIENSER:
- 4 kopper brødmel
- 2 tsk salt
- 2 tsk granuleret sukker
- 2 ¼ teskefulde aktiv tørgær
- 1 ⅓ kopper varmt vand
- Olivenolie, til smøring
- Valgfrit: sesamfrø eller groft salt til drys

INSTRUKTIONER:
a) I en lille skål opløses sukker og gær i varmt vand. Lad det sidde i cirka 5 minutter, indtil det bliver skummende.
b) Kombiner brødmel og salt i en stor røreskål. Lav en brønd i midten og hæld gærblandingen i.
c) Bland ingredienserne sammen, indtil der dannes en dej. Kom dejen over på en ren, let meldrysset overflade og ælt den i cirka 10 minutter, indtil den bliver glat og elastisk. Tilsæt mere mel, hvis det er nødvendigt for at undgå at klæbe.
d) Læg dejen i en smurt skål og dæk den med et rent køkkenrulle eller plastfolie. Lad dejen hæve et lunt sted i cirka 1 til 2 timer, indtil den fordobles i størrelse.
e) Forvarm din ovn til 220°C (425°F). Hvis du har en bagesten eller bageplade, skal du også sætte den i ovnen til forvarmning.
f) Når dejen er hævet, slås den ned for at frigøre eventuelle luftbobler. Del dejen i mindre portioner, på størrelse med en tennisbold.
g) Form hver portion dej til en rund eller oval form, og læg dem på en bageplade beklædt med bagepapir.
h) Valgfrit: Pensl toppen af pataquetaerne med vand og drys sesamfrø eller groft salt for ekstra smag og dekoration.
i) Lad de formede ruller hæve i yderligere 15 til 20 minutter.
j) Bag pataquetaerne i den forvarmede ovn i cirka 15 til 20 minutter, eller indtil de bliver gyldenbrune.
k) Tag rullerne ud af ovnen og lad dem køle lidt af inden servering.

25. Telera

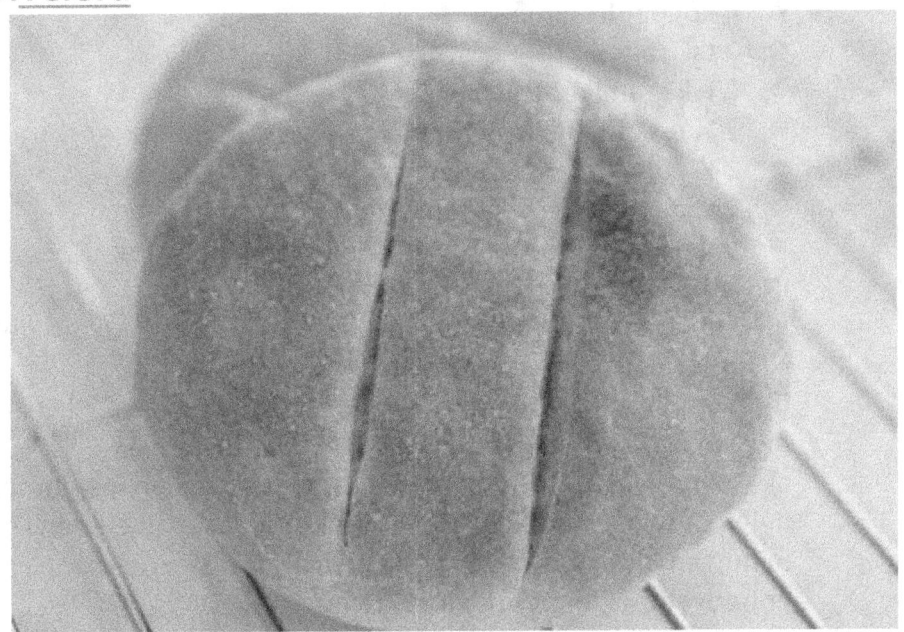

INGREDIENSER:
- 4 kopper brødmel
- 2 tsk salt
- 2 tsk granuleret sukker
- 2 ¼ teskefulde aktiv tørgær
- 1 ⅓ kopper varmt vand
- 2 spiseskefulde vegetabilsk olie
- Valgfrit: majsmel eller semuljemel til afstøvning

INSTRUKTIONER:

a) I en lille skål opløses sukker og gær i varmt vand. Lad det sidde i cirka 5 minutter, indtil det bliver skummende.

b) Kombiner brødmel og salt i en stor røreskål. Lav en brønd i midten og hæld gærblandingen og vegetabilsk olie i.

c) Bland ingredienserne sammen, indtil der dannes en dej. Kom dejen over på en ren, let meldrysset overflade og ælt den i cirka 10 minutter, indtil den bliver glat og elastisk. Tilsæt mere mel, hvis det er nødvendigt for at undgå at klæbe.

d) Læg dejen i en smurt skål og dæk den med et rent køkkenrulle eller plastfolie. Lad dejen hæve et lunt sted i cirka 1 til 2 timer, indtil den fordobles i størrelse.

e) Forvarm din ovn til 220°C (425°F). Hvis du har en bagesten eller bageplade, skal du også sætte den i ovnen til forvarmning.

f) Når dejen er hævet, slås den ned for at frigøre eventuelle luftbobler. Overfør dejen til en let meldrysset overflade og form den til et aflangt eller ovalt brød.

g) Læg den formede dej på en bageplade beklædt med bagepapir. Hvis det ønskes, drys lidt majsmel eller semuljemel på pergamentpapiret for at forhindre fastklæbning og tilføj en rustik tekstur til skorpen.

h) Dæk den formede dej med et rent køkkenrulle og lad den hæve i yderligere 15 til 20 minutter.

i) Bag telera-brødet i den forvarmede ovn i cirka 15 til 20 minutter, eller indtil det bliver gyldenbrunt og lyder hult, når du banker på bunden.

j) Tag brødet ud af ovnen og lad det køle af på en rist, inden det skæres i skiver og bruges til sandwich.

26. Llonguet

INGREDIENSER:
- 4 kopper brødmel
- 2 tsk salt
- 2 tsk granuleret sukker
- 2 ¼ teskefulde aktiv tørgær
- 1 ⅓ kopper varmt vand
- 2 spsk olivenolie
- Valgfrit: sesamfrø eller groft salt til topping

INSTRUKTIONER:
a) I en lille skål opløses sukker og gær i varmt vand. Lad det sidde i cirka 5 minutter, indtil det bliver skummende.
b) Kombiner brødmel og salt i en stor røreskål. Lav en brønd i midten og hæld gærblandingen og olivenolie i.
c) Bland ingredienserne sammen, indtil der dannes en dej. Kom dejen over på en ren, let meldrysset overflade og ælt den i cirka 10 minutter, indtil den bliver glat og elastisk. Tilsæt mere mel, hvis det er nødvendigt for at undgå at klæbe.
d) Læg dejen i en smurt skål og dæk den med et rent køkkenrulle eller plastfolie. Lad dejen hæve et lunt sted i cirka 1 til 2 timer, indtil den fordobles i størrelse.
e) Forvarm din ovn til 220°C (425°F). Hvis du har en bagesten eller bageplade, skal du også sætte den i ovnen til forvarmning.
f) Når dejen er hævet, slås den ned for at frigøre eventuelle luftbobler. Overfør dejen til en let meldrysset overflade og del den i mindre portioner, på størrelse med en tennisbold.
g) Form hver del af dejen til en aflang eller oval form, der ligner en lille baguette. Læg de formede llonguets på en bageplade beklædt med bagepapir, og efterlad lidt mellemrum mellem dem.
h) Valgfrit: Pensl toppen af llonguets med vand og drys sesamfrø eller groft salt ovenpå for ekstra smag og dekoration.
i) Lad de formede llonguets hæve i yderligere 15 til 20 minutter.
j) Bag llonguetsene i den forvarmede ovn i cirka 15 til 20 minutter, eller indtil de bliver gyldenbrune og har en let sprød skorpe.
k) Tag longuetsene ud af ovnen og lad dem køle af på en rist, før du bruger dem til sandwich eller nyder dem alene.

27.B oroña

INGREDIENSER:
- 4 kopper brødmel
- 2 tsk salt
- 2 tsk granuleret sukker
- 2 ¼ teskefulde aktiv tørgær
- 1 ⅓ kopper varmt vand
- 2 spsk olivenolie
- Majsmel eller semuljemel til aftørring

INSTRUKTIONER:

a) I en lille skål opløses sukker og gær i varmt vand. Lad det sidde i cirka 5 minutter, indtil det bliver skummende.

b) Kombiner brødmel og salt i en stor røreskål. Lav en brønd i midten og hæld gærblandingen og olivenolie i.

c) Bland ingredienserne sammen, indtil der dannes en dej. Kom dejen over på en ren, let meldrysset overflade og ælt den i cirka 10 minutter, indtil den bliver glat og elastisk. Tilsæt mere mel, hvis det er nødvendigt for at undgå at klæbe.

d) Læg dejen i en smurt skål og dæk den med et rent køkkenrulle eller plastfolie. Lad dejen hæve et lunt sted i cirka 1 til 2 timer, indtil den fordobles i størrelse.

e) Forvarm din ovn til 220°C (425°F). Hvis du har en bagesten eller bageplade, skal du også sætte den i ovnen til forvarmning.

f) Når dejen er hævet, slås den ned for at frigøre eventuelle luftbobler. Overfør dejen til en let meldrysset overflade og form den til et rundt eller ovalt brød.

g) Læg den formede dej på en bageplade beklædt med bagepapir. Drys toppen af brødet med majsmel eller semuljemel.

h) Dæk dejen med et rent køkkenrulle og lad den hæve i yderligere 15 til 20 minutter.

i) Med en skarp kniv laver du skrå eller udskæringer på toppen af brødet for at skabe et dekorativt mønster.

j) Bag boroña-brødet i den forvarmede ovn i cirka 30 til 35 minutter, eller indtil det bliver gyldenbrunt og har en fast skorpe.

k) Tag brødet ud af ovnen og lad det køle af på en rist inden det skæres i skiver og serveres.

28. Pistol

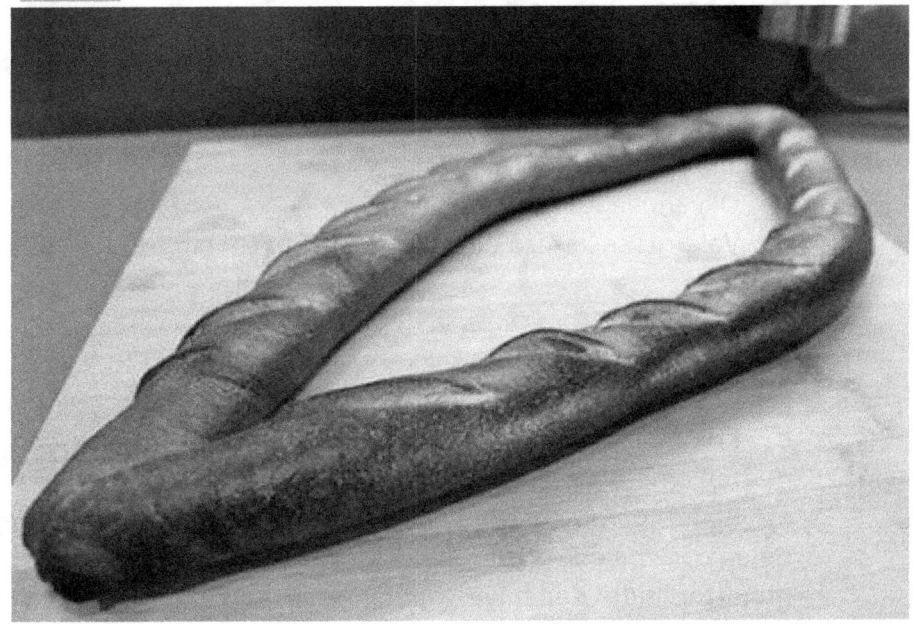

INGREDIENSER:
- 4 kopper brødmel
- 2 tsk salt
- 2 tsk granuleret sukker
- 2 ¼ teskefulde aktiv tørgær
- 1 ⅓ kopper varmt vand
- Olivenolie, til smøring
- Valgfrit: sesamfrø eller valmuefrø til topping

INSTRUKTIONER:
a) I en lille skål opløses sukker og gær i varmt vand. Lad det sidde i cirka 5 minutter, indtil det bliver skummende.
b) Kombiner brødmel og salt i en stor røreskål. Lav en brønd i midten og hæld gærblandingen i.
c) Bland ingredienserne sammen, indtil der dannes en dej. Kom dejen over på en ren, let meldrysset overflade og ælt den i cirka 10 minutter, indtil den bliver glat og elastisk. Tilsæt mere mel, hvis det er nødvendigt for at undgå at klæbe.
d) Læg dejen i en smurt skål og dæk den med et rent køkkenrulle eller plastfolie. Lad dejen hæve et lunt sted i cirka 1 til 2 timer, indtil den fordobles i størrelse.
e) Forvarm din ovn til 220°C (425°F). Hvis du har en bagesten eller bageplade, skal du også sætte den i ovnen til forvarmning.
f) Når dejen er hævet, slås den ned for at frigøre eventuelle luftbobler. Overfør dejen til en let meldrysset overflade og del den i mindre portioner, på størrelse med en stor rulle.
g) Form hver portion dej til en aflang rulle, der ligner en mini-baguette eller en pistolform. Læg de formede pistolruller på en bageplade beklædt med bagepapir.
h) Valgfrit: Pensl toppen af pistolrullerne med vand og drys sesamfrø eller valmuefrø ovenpå for ekstra smag og dekoration.
i) Lad de formede ruller hæve i yderligere 15 til 20 minutter.
j) Bag pistolrullerne i den forvarmede ovn i cirka 15 til 20 minutter, eller indtil de bliver gyldenbrune og har en let sprød skorpe.
k) Tag rullerne ud af ovnen og lad dem køle af på en rist inden servering.

29. Regañao

INGREDIENSER:
- 2 kopper universalmel
- 1 tsk salt
- 1 tsk paprika (valgfrit, for smag)
- ½ kop varmt vand
- 2 spsk olivenolie
- Groft salt til at drysse

TOPPING
- Serranoskinke skiver (valgfrit)

INSTRUKTIONER:
a) I en røreskål kombineres mel, salt og paprika (hvis du bruger). Bland godt for at fordele ingredienserne jævnt.
b) Lav en brønd i midten af de tørre ingredienser og hæld det varme vand og olivenolie i.
c) Rør blandingen med en ske eller dine hænder, indtil den samles til en dej.
d) Overfør dejen til en ren, let meldrysset overflade og ælt den i cirka 5 minutter, indtil den bliver glat og elastisk.
e) Del dejen i mindre portioner og dæk dem med et rent køkkenrulle. Lad dejen hvile i cirka 15-20 minutter for at slappe af gluten.
f) Forvarm din ovn til 200°C (400°F).
g) Tag en portion af dejen og rul den ud så tyndt som muligt, og sigt efter en tykkelse på cirka 1-2 millimeter. Du kan bruge en kagerulle eller dine hænder til at flade dejen ud.
h) Læg den udrullede dej over på en bageplade beklædt med bagepapir. Gentag processen med de resterende dejportioner, læg dem på separate bageplader eller lad der være nok plads mellem hvert regañao-brød.
i) Drys groft salt over overfladen af dejen, tryk den let ned for at sikre, at den klistrer.
j) Bag regañaobrødet i den forvarmede ovn i cirka 8-10 minutter eller indtil det bliver gyldenbrunt og sprødt. Hold godt øje med den, da den hurtigt kan blive overbrun.
k) Tag bagepladen ud af ovnen og lad regañaobrødet køle helt af på rist.
l) Når det er afkølet, er regañaobrødet klar til at nydes, toppet med skinke.

30.Torta De Aranda

INGREDIENSER:
- 4 kopper brødmel
- 300 milliliter varmt vand
- 10 gram salt
- 10 gram frisk gær (eller 5 gram aktiv tørgær)
- Olivenolie til smøring

INSTRUKTIONER:
a) Kombiner brødmel og salt i en stor røreskål.
b) Opløs den friske gær i varmt vand. Hvis du bruger aktiv tørgær, skal du opløse den i en portion af det varme vand og lade den aktivere i cirka 5-10 minutter, før du fortsætter.
c) Lav en fordybning i midten af melblandingen og hæld gærblandingen i. Bland gradvist melet i væsken, rør med en træske eller dine hænder, indtil der dannes en groft dej.
d) Læg dejen over på en let meldrysset overflade og ælt den i cirka 10-15 minutter, eller indtil den bliver glat og elastisk. Tilsæt små mængder mel, hvis dejen er for klistret.
e) Form dejen til en rund kugle og læg den tilbage i røreskålen. Dæk skålen til med et rent køkkenrulle og lad dejen hæve et lunt sted i cirka 1-2 timer, eller til den fordobles i størrelse.
f) Forvarm din ovn til 230°C (450°F).
g) Når dejen er hævet, slås den forsigtigt ned for at frigøre eventuelle luftbobler. Vend den ud på en smurt bageplade eller pizzasten.
h) Tryk og flad dejen med hænderne til en skiveform, cirka 1-2 centimeter tyk. Lav flere diagonale snit hen over toppen af dejen for at skabe et mønster.
i) Pensl overfladen af dejen med olivenolie.
j) Læg bagepladen eller pizzastenen med dejen i den forvarmede ovn. Bages i cirka 20-25 minutter, eller indtil brødet er gyldenbrunt og lyder hult, når der bankes i bunden.
k) Tag Torta de Aranda ud af ovnen og lad den køle af på en rist, inden den skæres i skiver og serveres.

31.Txantxigorri

INGREDIENSER:
- 4 kopper brødmel
- 2 ¼ teskefulde salt
- 1 spsk frisk gær
- 1 ⅓ kopper lunkent vand
- Majsmel eller semulje, til aftørring

INSTRUKTIONER:

a) Kombiner brødmel og salt i en stor røreskål.

b) Opløs den friske gær i lunkent vand eller, hvis du bruger aktiv tørgær, aktiver den i henhold til pakkens anvisninger.

c) Lav en fordybning i midten af melblandingen og hæld gærblandingen i. Rør godt rundt indtil en dej begynder at dannes.

d) Kom dejen over på en ren, let meldrysset overflade og ælt den i cirka 10-15 minutter, indtil den bliver glat og elastisk. Alternativt kan du bruge en røremaskine med dejkrog til æltning.

e) Læg dejen i en smurt skål og dæk den med et rent køkkenrulle eller plastfolie. Lad dejen hæve et lunt sted i cirka 1 til 2 timer, indtil den fordobles i størrelse.

f) Forvarm din ovn til 220°C (425°F). Placer en bagesten eller bageplade inde i ovnen for også at forvarme.

g) Når dejen er hævet, slås den ned for at frigøre eventuelle luftbobler. Form dejen til et rundt brød og læg den på en bageplade, der er drysset med majsmel eller semulje.

h) Brug en skarp kniv eller et barberblad til at lave dekorative skråstreger eller markeringer på overfladen af brødet, såsom diagonale linjer eller et krydsskraveringsmønster. Dette giver Txantxigorri sit karakteristiske udseende.

i) Overfør brødet til den forvarmede ovn og bag i cirka 25-30 minutter, eller indtil skorpen bliver gyldenbrun og lyder hul, når du banker på bunden.

j) Tag Txantxigorrien ud af ovnen og lad den køle af på en rist, inden den skæres i skiver og serveres.

32.Pan De Semillas

INGREDIENSER:
- 4 kopper brødmel
- 2 ¼ teskefulde aktiv tørgær
- 1 tsk sukker
- 1 tsk salt
- 1 ¼ kopper varmt vand
- 2 spsk olivenolie
- Assorterede frø (såsom solsikkekerner, græskarkerner, sesamfrø, hørfrø osv.) til topping og blanding i dejen

INSTRUKTIONER:
a) I en lille skål opløses sukkeret i varmt vand. Drys gæren over vandet og lad det sidde i cirka 5 minutter, indtil det bliver skummende.
b) Kombiner brødmel og salt i en stor røreskål. Lav en brønd i midten og hæld gærblandingen og olivenolie i.
c) Bland ingredienserne sammen, indtil der dannes en dej. Overfør dejen til en meldrysset overflade og ælt den i cirka 10 minutter, indtil den bliver glat og elastisk. Tilsæt mere mel, hvis det er nødvendigt for at undgå at klæbe.
d) Læg dejen i en smurt skål, dæk den med et rent køkkenrulle, og lad den hæve et lunt sted i cirka 1 til 2 timer, indtil den fordobles i størrelse.
e) Forvarm din ovn til 220°C (425°F).
f) Når dejen er hævet, slås den ned for at frigøre eventuelle luftbobler. Overfør dejen til en let meldrysset overflade og ælt de forskellige frø ind, såsom solsikkekerner, græskarkerner, sesamfrø eller hørfrø. Tilsæt en håndfuld eller flere frø og kom dem jævnt i dejen.
g) Form dejen til et brød eller del den i mindre portioner til individuelle ruller.
h) Læg den formede dej på en smurt eller pergamentbeklædt bageplade. Dæk den til med et køkkenrulle og lad den hæve i yderligere 30 minutter.
i) Valgfrit: Pensl toppen af brødet med vand og drys yderligere frø ovenpå til pynt.
j) Bag brødet i den forvarmede ovn i cirka 30-35 minutter, eller indtil sværen er gyldenbrun og brødet lyder hult, når der bankes på bunden.
k) Tag brødet ud af ovnen og lad det køle af på en rist inden det skæres i skiver.

33.Oreja

INGREDIENSER:
- 1 ark butterdej, optøet (købt eller hjemmelavet)
- Granuleret sukker, til drys

INSTRUKTIONER:

a) Forvarm din ovn til den temperatur, der er angivet på butterdejspakken eller omkring 200°C (400°F).

b) Rul butterdejspladen ud på en let meldrysset overflade, så den bliver lidt flad.

c) Drys en generøs mængde perlesukker over hele overfladen af butterdejspladen.

d) Start fra den ene kant og rul butterdejspladen stramt op mod midten. Gentag med den anden kant, og rul den også mod midten. De to ruller skal mødes på midten.

e) Brug en skarp kniv til at skære den rullede butterdej på kryds og tværs i tynde skiver, cirka ½ tomme tykke.

f) Læg den snittede butterdej på en bageplade beklædt med bagepapir, og lad der være lidt mellemrum mellem hver skive, da de udvider sig under bagningen.

g) Tryk forsigtigt ned på hver skive med håndfladen for at flade den lidt ud.

h) Drys lidt ekstra granuleret sukker over toppen af hver skive.

i) Bag orejaerne i den forvarmede ovn i cirka 12-15 minutter, eller indtil de bliver gyldenbrune og sprøde.

j) Tag orejaerne ud af ovnen og lad dem køle af på en rist.

GRÆSK BRØD

34.Lagana

INGREDIENSER:
- 4 kopper universalmel
- 1 spsk aktiv tørgær
- 1 tsk sukker
- 1 tsk salt
- 2 spsk olivenolie
- 1½ dl lunkent vand
- Sesamfrø til drys

INSTRUKTIONER:

a) I en lille skål opløses sukkeret i lunkent vand. Drys gæren over vandet og lad det sidde i cirka 5 minutter, eller indtil det er skummende.

b) I en stor røreskål kombineres mel og salt. Lav en fordybning i midten og hæld olivenolie og gærblandingen i. Bland med en træske eller dine hænder, indtil dejen begynder at samle sig.

c) Overfør dejen til en meldrysset overflade og ælt i cirka 5-7 minutter, eller indtil dejen bliver glat og elastisk.

d) Læg dejen i en smurt skål, dæk med et rent køkkenrulle, og lad den hæve et lunt sted i cirka 1 time, eller indtil den er dobbelt så stor.

e) Forvarm din ovn til 425°F (220°C). Beklæd en bageplade med bagepapir.

f) Slå den hævede dej ned og overfør den til en meldrysset overflade. Del dejen i to lige store portioner.

g) Rul hver del af dejen ud til en rektangulær form, cirka ¼ tomme tyk. Flyt den flade dej over på den forberedte bageplade.

h) Pensl let toppen af hvert fladbrød med vand og drys sesamfrø over overfladen.

i) Brug fingrene til at lave fordybninger på tværs af dejen, og lav et mønster af streger eller prikker.

j) Bag lagana-fladbrødet i den forvarmede ovn i cirka 20-25 minutter, eller indtil de er gyldenbrune og sprøde.

k) Tag den ud af ovnen og lad den køle af på en rist inden den skæres i skiver og serveres.

35. Horiatiko Psomi

INGREDIENSER:
- 5 kopper brødmel
- 2 tsk aktiv tørgær
- 2 tsk salt
- 2½ dl lunkent vand
- 2 spsk olivenolie

INSTRUKTIONER:
a) I en lille skål opløses gæren i lunkent vand. Lad det sidde i cirka 5 minutter, eller indtil det er skummende.
b) Kombiner brødmel og salt i en stor røreskål. Lav en brønd i midten og hæld gærblandingen og olivenolie i. Bland med en træske eller dine hænder, indtil dejen begynder at samle sig.
c) Overfør dejen til en meldrysset overflade og ælt i cirka 10-15 minutter, eller indtil dejen bliver glat og elastisk.
d) Læg dejen i en smurt skål, dæk med et rent køkkenrulle, og lad den hæve et lunt sted i cirka 1-2 timer, eller indtil den er dobbelt så stor.
e) Når dejen er hævet, slå den ned og form den til et rundt eller ovalt brød.
f) Forvarm din ovn til 450°F (230°C). Læg en bagesten eller en omvendt bageplade i ovnen for også at forvarme.
g) Flyt den formede dej over på en bageplade beklædt med bagepapir eller en bageskal drysset med mel.
h) Brug en skarp kniv til at lave diagonale skråninger på overfladen af dejen. Dette vil hjælpe brødet med at udvide sig og danne en rustik skorpe.
i) Læg bagepladen med dejen på den forvarmede bagesten eller omvendt bageplade i ovnen.
j) Bages i cirka 30-35 minutter, eller indtil brødet er gyldenbrunt og lyder hult, når der bankes på bunden.
k) Tag brødet ud af ovnen og lad det køle af på en rist inden det skæres i skiver og serveres.
l) Græsk landsbybrød (Horiatiko Psomi) er perfekt til at nyde med græske mezes, supper, gryderetter eller blot dyppet i olivenolie. Det er et lækkert og mættende brød med en rustik charme. God fornøjelse!

36. Ladeni

INGREDIENSER:
- 4 kopper universalmel
- 2 tsk aktiv tørgær
- 1 tsk sukker
- 1 tsk salt
- 2 spsk olivenolie
- 1½ dl lunkent vand
- 4 mellemstore tomater, skåret i skiver
- 1 mellemstor rødløg, skåret i tynde skiver
- 1 kop Kalamata oliven, udstenede og halveret
- 2 spsk frisk oregano, hakket
- Salt og peber efter smag
- Ekstra olivenolie til drypning

INSTRUKTIONER:

a) I en lille skål opløses sukkeret i lunkent vand. Drys gæren over vandet og lad det sidde i cirka 5 minutter, eller indtil det er skummende.

b) I en stor røreskål kombineres mel og salt. Lav en fordybning i midten og hæld olivenolie og gærblandingen i. Bland med en træske eller dine hænder, indtil dejen begynder at samle sig.

c) Overfør dejen til en meldrysset overflade og ælt i cirka 5-7 minutter, eller indtil dejen bliver glat og elastisk.

d) Læg dejen i en smurt skål, dæk med et rent køkkenrulle, og lad den hæve et lunt sted i cirka 1 time, eller indtil den er dobbelt så stor.

e) Forvarm din ovn til 425°F (220°C). Beklæd en bageplade med bagepapir.

f) Slå den hævede dej ned og overfør den til den forberedte bageplade. Brug dine hænder til at trykke og strække dejen til en rektangel eller oval form, cirka ½ tomme tyk.

g) Arranger de skivede tomater, rødløg og Kalamata-oliven oven på dejen. Drys med frisk eller tørret oregano, salt og peber.

h) Dryp lidt olivenolie over toppingen.

i) Bag i den forvarmede ovn i cirka 20-25 minutter, eller indtil brødet er gyldenbrunt og gennemstegt.

j) Tag den ud af ovnen og lad den køle af på en rist inden den skæres i skiver og serveres.

37.Psomi Pita

INGREDIENSER:
- 3 kopper universalmel
- 1 tsk aktiv tørgær
- 1 tsk sukker
- 1 tsk salt
- 2 spsk olivenolie
- 1 kop lunkent vand

INSTRUKTIONER:
a) I en lille skål opløses sukkeret i lunkent vand. Drys gæren over vandet og lad det sidde i cirka 5 minutter, eller indtil det er skummende.
b) I en stor røreskål kombineres mel og salt. Lav en fordybning i midten og hæld olivenolie og gærblandingen i. Bland med en træske eller dine hænder, indtil dejen begynder at samle sig.
c) Overfør dejen til en meldrysset overflade og ælt i cirka 5-7 minutter, eller indtil dejen bliver glat og elastisk. Tilsæt mere mel, hvis det er nødvendigt for at undgå at klæbe, men undgå at tilføje for meget mel for at holde dejen blød.
d) Læg dejen i en smurt skål, dæk med et rent køkkenrulle, og lad den hæve et lunt sted i cirka 1-2 timer, eller indtil den er dobbelt så stor.
e) Når dejen er hævet, slås den ned og overføres til en meldrysset overflade. Del dejen i 8 lige store portioner.
f) Rul hver portion til en kugle og flad den med hænderne. Brug en kagerulle til at rulle hver del ud til en cirkel, cirka ¼ tomme tyk.
g) Opvarm en non-stick stegepande eller stegepande over medium-høj varme. Læg et udrullet pitabrød på den varme stegepande og steg i cirka 1-2 minutter på hver side, eller indtil det puster op og udvikler gyldne brune pletter.
h) Fjern det kogte pitabrød fra panden og pak det ind i et rent køkkenrulle for at holde det blødt og smidigt. Gentag processen med de resterende dele af dejen.
i) Server det græske pitabrød lunt eller ved stuetemperatur. Den kan bruges til at lave sandwich, wraps eller rives i stykker og dyppes i saucer eller smørepålæg.

38. Psomi Spitiko

INGREDIENSER:
- 4 kopper universalmel
- 2 tsk aktiv tørgær
- 1 tsk sukker
- 1 tsk salt
- 2 spsk olivenolie
- 1½ dl lunkent vand

INSTRUKTIONER:
a) I en lille skål opløses sukkeret i lunkent vand. Drys gæren over vandet og lad det sidde i cirka 5 minutter, eller indtil det er skummende.
b) I en stor røreskål kombineres mel og salt. Lav en fordybning i midten og hæld olivenolie og gærblandingen i.
c) Bland med en træske eller dine hænder, indtil dejen begynder at samle sig.
d) Overfør dejen til en meldrysset overflade og ælt i cirka 5-7 minutter, eller indtil dejen bliver glat og elastisk.
e) Læg dejen i en smurt skål, dæk med et rent køkkenrulle, og lad den hæve et lunt sted i cirka 1-2 timer, eller indtil den er dobbelt så stor.
f) Når dejen er hævet, slås den ned og overføres til en meldrysset overflade. Form det til et rundt brød.
g) Forvarm din ovn til 425°F (220°C). Læg en bagesten eller en omvendt bageplade i ovnen for også at forvarme.
h) Overfør den formede dej over på den forvarmede bagesten eller omvendt bageplade i ovnen.
i) Bages i cirka 30-35 minutter, eller indtil brødet er gyldenbrunt og lyder hult, når der bankes på bunden.
j) Tag brødet ud af ovnen og lad det køle af på en rist inden det skæres i skiver og serveres.

39. Koulouri Thessalonikis

INGREDIENSER:
- 4 kopper universalmel
- 2 tsk aktiv tørgær
- 1 tsk sukker
- 1 tsk salt
- 2 spsk olivenolie
- 1½ dl lunkent vand
- ½ kop sesamfrø
- ¼ kop varmt vand (til sesamfrøpasta)
- 2 spsk olivenolie (til sesamfrøpasta)
- ½ tsk salt (til sesamfrøpasta)

INSTRUKTIONER:
a) I en lille skål opløses sukkeret i lunkent vand. Drys gæren over vandet og lad det sidde i cirka 5 minutter, eller indtil det er skummende.
b) I en stor røreskål kombineres mel og salt. Lav en fordybning i midten og hæld olivenolie og gærblandingen i. Bland med en træske eller dine hænder, indtil dejen begynder at samle sig.
c) Overfør dejen til en meldrysset overflade og ælt i cirka 5-7 minutter, eller indtil dejen bliver glat og elastisk.
d) Læg dejen i en smurt skål, dæk med et rent køkkenrulle, og lad den hæve et lunt sted i cirka 1-2 timer, eller indtil den er dobbelt så stor.
e) Når dejen er hævet, slås den ned og overføres til en meldrysset overflade. Del dejen i mindre portioner og rul hver del til en lang rebform, cirka 12 centimeter lang.
f) Form hvert reb af dej til en ring, overlapp enderne og klem dem sammen for at forsegle.
g) Forvarm din ovn til 400°F (200°C). Beklæd en bageplade med bagepapir.
h) I en lille skål blandes sesamfrø, varmt vand, olivenolie og salt sammen for at danne en pasta.
i) Dyp hver brødring i sesamfrøpastaen, og sørg for at dække den godt på alle sider. Tryk forsigtigt sesamfrøene på dejen for at hæfte.

j) Placer de overtrukne brødringe på den forberedte bageplade, og lad lidt plads mellem dem til udvidelse.

k) Bages i den forvarmede ovn i cirka 20-25 minutter, eller indtil brødringene er gyldenbrune.

l) Tag ud af ovnen og lad Koulouri Thessaloniki'erne køle af på en rist før servering.

40.Artos

INGREDIENSER:
- 4 kopper universalmel
- 1½ tsk aktiv tørgær
- 1½ dl varmt vand
- 1 spsk sukker
- 1 tsk salt
- Valgfrit: sesamfrø eller andre toppe til pynt

INSTRUKTIONER:
a) I en lille skål opløses gær og sukker i varmt vand. Lad det sidde i cirka 5 minutter, eller indtil det bliver skummende.
b) I en stor røreskål kombineres mel og salt. Lav en brønd i midten og hæld gærblandingen i.
c) Bland gradvist melet i væsken under omrøring med en træske eller dine hænder, indtil der dannes en blød dej.
d) Overfør dejen til en meldrysset overflade og ælt den i cirka 8-10 minutter, eller indtil den bliver glat og elastisk.
e) Læg dejen i en smurt skål, dæk den med et rent køkkenrulle, og lad den hæve et lunt sted i cirka 1-2 timer, eller til den fordobles i størrelse.
f) Når dejen er hævet, slås den forsigtigt ned for at frigøre eventuelle luftbobler. Form det til et rundt eller ovalt brød.
g) Flyt det formede brød over på en bageplade eller bagesten. Hvis det ønskes, kan du dekorere brødets overflade med sesamfrø eller andet pålæg.
h) Forvarm din ovn til 375°F (190°C). Mens ovnen forvarmer, lad brødet hvile og hæve igen i cirka 15-20 minutter.
i) Bag brødet i den forvarmede ovn i cirka 30-35 minutter, eller indtil det bliver gyldenbrunt og lyder hult, når der bankes på bunden.
j) Når den er bagt, tag artosen ud af ovnen og lad den køle af på en rist.

41.Zea

INGREDIENSER:
- 2 kopper universalmel
- 1 kop fuldkornshvedemel
- 2 tsk aktiv tørgær
- 1 tsk salt
- 1 ¼ kopper varmt vand
- 2 spsk olivenolie
- Valgfrit: Sesamfrø eller andet pålæg til drys

INSTRUKTIONER:
a) I en lille skål opløses gæren i ¼ kop varmt vand. Lad det sidde i cirka 5 minutter, eller indtil det bliver skummende.
b) I en stor røreskål kombineres universalmel, fuldkornshvedemel og salt.
c) Lav en brønd i midten af de tørre ingredienser og hæld gærblandingen, det resterende varmt vand og olivenolie i.
d) Rør ingredienserne sammen, indtil der dannes en pjusket dej.
e) Læg dejen over på en meldrysset overflade og ælt i cirka 8-10 minutter, eller indtil dejen bliver glat og elastisk. Tilsæt lidt mere mel, hvis det er nødvendigt for at undgå at klæbe.
f) Læg dejen i en smurt skål, dæk den med et rent køkkenrulle, og lad den hæve et lunt sted i cirka 1-2 timer, eller til den fordobles i størrelse.
g) Forvarm din ovn til 425°F (220°C). Beklæd en bageplade med bagepapir.
h) Når dejen er hævet, slås den forsigtigt ned for at frigøre eventuelle luftbobler. Del dejen i lige store portioner og form hver portion til lange, tynde brødstænger.
i) Læg brødstængerne på den forberedte bageplade, og lad lidt mellemrum være mellem dem. Drys eventuelt sesamfrø eller andet ønsket toppings ovenpå.
j) Lad brødstængerne hvile og hæve i yderligere 15-20 minutter.
k) Bag brødstængerne i den forvarmede ovn i cirka 15-20 minutter, eller indtil de bliver gyldenbrune og sprøde på ydersiden.
l) Når det er bagt, skal du tage Zea-brødet ud af ovnen og lade det køle af på en rist.

42.Paximathia

INGREDIENSER:
- 4 kopper universalmel
- 1 kop granuleret sukker
- 1 tsk bagepulver
- ½ tsk bagepulver
- ½ tsk salt
- ½ tsk stødt kanel
- 1 kop olivenolie
- ½ kop appelsinjuice
- Skal af 1 appelsin
- ¼ kop brandy eller ouzo (valgfrit)
- Sesamfrø (til at drysse)

INSTRUKTIONER:

a) Forvarm din ovn til 350°F (175°C) og beklæd en bageplade med bagepapir.

b) I en stor røreskål piskes mel, sukker, bagepulver, natron, salt og stødt kanel sammen, indtil det er godt blandet.

c) I en separat skål piskes olivenolie, appelsinjuice, appelsinskal og brandy eller ouzo sammen (hvis du bruger).

d) Hæld gradvist de våde ingredienser i de tørre ingredienser, mens du rører med en træske eller hænderne. Bland indtil der dannes en dej. Hvis dejen føles for tør, kan du tilføje lidt mere appelsinjuice, en spiseskefuld ad gangen.

e) Overfør dejen til en meldrysset overflade og ælt den i et par minutter, indtil den bliver glat og godt blandet.

f) Del dejen i mindre portioner. Tag en portion ad gangen og rul den ud til en rektangel eller oval form, cirka ¼ tomme tyk.

g) Brug en kniv eller en konditor til at skære den udrullede dej i mindre stykker eller strimler, cirka 2-3 tommer lange og 1 tomme brede.

h) Læg de udskårne stykker på den forberedte bageplade, og lad der være lidt mellemrum mellem dem. Drys generøst sesamfrø oven på hvert stykke.

i) Bag Paximathiaen i den forvarmede ovn i cirka 20-25 minutter, eller indtil de bliver gyldenbrune og sprøde rundt om kanterne.

j) Når de er bagt, fjerner du Paximathia fra ovnen og lad dem køle af på bagepladen i et par minutter. Overfør dem derefter til en rist for at køle helt af.

k) Opbevar Paximathia i en lufttæt beholder ved stuetemperatur.

l) De holder sig friske i flere uger.

43. Batzina

INGREDIENSER:
- 4 kopper universalmel
- 1 tsk aktiv tørgær
- 1 tsk salt
- 2 spsk olivenolie
- 1 spsk honning
- 1 ¼ kopper varmt vand

INSTRUKTIONER:

a) I en lille skål kombineres det varme vand, honning og gær. Rør godt rundt og lad det sidde i cirka 5 minutter, indtil gæren bliver skummende.

b) I en stor røreskål kombineres mel og salt. Lav en fordybning i midten og hæld olivenolie og gærblandingen i.

c) Bland ingredienserne sammen, indtil der begynder at dannes en dej. Overfør dejen til en let meldrysset overflade og ælt i cirka 8-10 minutter, indtil dejen bliver glat og elastisk.

d) Form dejen til en kugle og læg den i en smurt skål. Dæk skålen til med et rent køkkenrulle og lad dejen hæve et lunt sted i cirka 1-2 timer, indtil den fordobles i størrelse.

e) Forvarm din ovn til 400°F (200°C). Beklæd en bageplade med bagepapir.

f) Når dejen er hævet, slås den ned for at frigøre eventuelle luftbobler. Overfør dejen til den forberedte bageplade.

g) Brug dine hænder til at flad dejen til en cirkulær form, cirka ½ tomme tyk.

h) Brug en kniv til at skære toppen af dejen i et kryds- eller diamantmønster.

i) Dryp lidt olivenolie over toppen af brødet og fordel det jævnt.

j) Bages i den forvarmede ovn i cirka 25-30 minutter, eller indtil brødet bliver gyldenbrunt på toppen.

k) Når det er bagt, tag Batzina-brødet ud af ovnen og lad det køle af på en rist.

44. Psomi Tou Kyrion

INGREDIENSER:
- 2 kopper fuldkornshvedemel
- 1 kop universalmel
- ½ kop rugmel
- 1½ tsk aktiv tørgær
- 1½ tsk salt
- 1½ dl varmt vand
- 2 spsk olivenolie
- 1 spsk honning (valgfrit)
- Yderligere mel til aftørring

INSTRUKTIONER:

a) I en lille skål kombineres det varme vand og honning (hvis du bruger). Rør godt rundt for at opløse honningen, og drys derefter gæren over blandingen. Lad det sidde i cirka 5 minutter, indtil gæren bliver skummende.

b) I en stor røreskål kombineres fuldkornshvedemel, universalmel, rugmel og salt. Lav en fordybning i midten og hæld olivenolie og gærblandingen i.

c) Bland ingredienserne sammen, indtil der begynder at dannes en dej. Kom dejen over på en let meldrysset overflade og ælt i cirka 10-12 minutter, indtil dejen bliver glat og elastisk.

d) Form dejen til en kugle og læg den i en smurt skål. Dæk skålen til med et rent køkkenrulle og lad dejen hæve et lunt sted i cirka 1-2 timer, indtil den fordobles i størrelse.

e) Forvarm din ovn til 425°F (220°C). Sæt en bagesten eller en bageplade på hovedet i ovnen for også at forvarme.

f) Når dejen er hævet, slås den ned for at frigøre eventuelle luftbobler. Overfør dejen til en meldrysset overflade og form den til et rundt eller ovalt brød.

g) Læg brødet på en bageplade eller et stykke bagepapir. Drys toppen af brødet med lidt mel og skær det med en skarp kniv for at skabe dekorative snit.

h) Overfør forsigtigt brødet over på den forvarmede bagesten eller bageplade. Bages i cirka 30-35 minutter eller indtil brødet bliver gyldenbrunt og lyder hult, når der bankes på bunden.

i) Når den er bagt, skal du tage Psomi tou kyrion ud af ovnen og lade den køle af på en rist, inden den skæres i skiver.

45. Xerotigana

INGREDIENSER:
TIL DEJEN:
- 4 kopper universalmel
- ½ tsk bagepulver
- ½ tsk salt
- ½ kop appelsinjuice
- ¼ kop olivenolie
- ¼ kop hvidvin
- 1 spsk granuleret sukker
- 1 tsk stødt kanel

TIL SIRUPPEN:
- 2 kopper honning
- 1 kop vand
- 1 kanelstang
- Skal af 1 appelsin

INSTRUKTIONER:
a) I en stor røreskål piskes mel, bagepulver, salt, sukker og stødt kanel sammen.
b) Kombiner appelsinjuice, olivenolie og hvidvin i en separat skål.
c) Hæld gradvist den flydende blanding i de tørre ingredienser, under konstant omrøring, indtil der dannes en blød dej.
d) Overfør dejen til en let meldrysset overflade og ælt i cirka 5-7 minutter, indtil den bliver glat og elastisk.
e) Del dejen i små portioner og dæk dem med et fugtigt klæde for at forhindre udtørring.
f) Tag en del af dejen og rul den ud til en tynd plade, cirka 1/8 tomme tyk.
g) Skær den rullede dej i strimler, cirka 1-2 tommer brede og 6-8 tommer lange.
h) Tag hver strimmel og bind den til en løs knude, hvilket skaber en snoet form. Gentag denne proces med de resterende dejstrimler.
i) I en dyb, tykbundet gryde opvarmes vegetabilsk olie til stegning til en temperatur på omkring 350°F (180°C).

j) Smid forsigtigt et par stykker af den snoede dej ned i den varme olie og steg dem til de bliver gyldenbrune på alle sider. Undgå at overfylde gryden; steg dem evt. i omgange.

k) Når de er stegt, skal du fjerne Xerotigana fra olien med en hulske og overføre dem til en tallerken foret med køkkenrulle for at dræne overskydende olie.

l) I en separat gryde kombineres honning, vand, kanelstang og appelsinskal. Varm blandingen op ved middel varme, indtil den koger. Skru ned for varmen og lad det simre i cirka 5 minutter.

m) Fjern kanelstang og appelsinskal fra siruppen.

n) Mens siruppen stadig er varm, dyppes den stegte Xerotigana i siruppen og dækker dem helt. Lad dem trække i et par minutter, og overfør dem derefter til en rist for at køle af og lad den overskydende sirup dryppe af.

o) Gentag dypningsprocessen med den resterende Xerotigana, og sørg for, at de er fuldt belagt med honningsiruppen.

FRANSK BRØD

46. Baguette

INGREDIENSER:
- 1¾ kopper vand, ved stuetemperatur, delt
- 2 tsk instant gær, delt
- 5 kopper minus 1½ spsk brødmel (eller T55 mel), opdelt
- 1 spsk kosher salt

INSTRUKTIONER:
LAV EN PÂTE FERMENTÉE:
a) I en mellemstor skål røres ½ kop vand sammen med en knivspids gær. Tilsæt 1¼ kopper mel og 1 tsk salt. Rør indtil en shaggy dej samles. Vend dejen på din bænk og ælt, indtil den er godt blandet, 1 til 2 minutter.
b) Kom dejen tilbage i skålen, dæk med et håndklæde og stil til side i 2 til 4 timer ved stuetemperatur eller køl natten over. Den skal fordobles i størrelse.

LAV DEJEN:
c) Tilsæt de resterende 1¼ kopper vand og resterende gær til patéfermentéen, brug fingrene til at bryde dejen op i væsken. Tilsæt de resterende 3⅔ kopper mel og de resterende 2 teskefulde salt. Bland indtil der dannes en shaggy dej, ca. 1 minut.
d) Vend dejen ud på en ren bænk og ælt i 8 til 10 minutter, indtil den er glat, strækbar og smidig. Hvis du ælter i hånden, skal du modstå trangen til at tilføje mere mel; dejen bliver naturligt mindre klistret, mens du arbejder med den.
e) Stræk dejen for at kontrollere for korrekt glutenudvikling. Hvis det rives for hurtigt og føles groft, fortsæt med at ælte, indtil det er glat og smidigt.
f) Hvis dejen æltes i hånden, så kom dejen tilbage i skålen. Dæk med et håndklæde og stil til side i 1 time eller indtil dobbelt størrelse.
g) Form og bag: Mel din bænk let og brug en plastikskraber til at frigøre dejen fra skålen. Brug en metalbordskraber til at dele dejen i 4 lige store sektioner (ca. 250 gram hver). Dæk med et håndklæde og hvile i 5 til 10 minutter.
h) Arbejd med en sektion ad gangen og brug fingerspidserne til forsigtigt at trykke dejen ind i et groft rektangel. Fold den øverste

fjerdedel ned til midten, og fold derefter den nederste fjerdedel op til midten, så de mødes. Tryk let langs sømmen for at hæfte.
i)   Fold den øverste halvdel af dejen over den nederste halvdel for at skabe en log. Brug hælen på din hånd eller dine fingerspidser til at forsegle sømmen. Sørg for, at din bænk er let melet. Du vil ikke have for meget pres på dejen, men du vil heller ikke have den til at glide i stedet for at rulle. Hvis dejen glider, skal du børste overskydende mel væk og fugte dine hænder let.
j)   Vend forsigtigt dejen, så sømmen er i bunden, og brug dine hænder til at vippe enderne af brødet frem og tilbage for at skabe en fodboldform. Arbejd derefter dine hænder fra midten af brødet ud mod kanterne for at forlænge det til 12 til 14 tommer. Gentag med de resterende sektioner.
k)   Læg et linned håndklæde på en bageplade. Drys den med mel, og fold den ene ende for at skabe en kant. Placer en baguette ved siden af denne fold. Fold håndklædet langs den anden side for at skabe et dedikeret rum, hvor baguetten kan hæve. Læg endnu en baguette ved siden af og lav endnu en fold. Gentag med de resterende baguettes.
l)   Dæk til med et håndklæde og sæt til hævning i 1 time.
m)   Efter 30 minutters hævning skal du forvarme ovnen til 475°F. Sæt en bagesten på den midterste rille. Beklæd en flad bageplade med bagepapir (vend bagepladen og arbejd på bagsiden, hvis du bruger en bagesten).
n)   Tjek baguetterne ved at stikke i dejen. Den skal springe lidt tilbage og efterlade et fordybning og føles som en skumfidus.
o)   Når baguetterne er klar til at bage, skal du forsigtigt løfte dem og overføre dem til den forberedte bageplade og placere dem 2 tommer fra hinanden. Pas på ikke at tømme baguetterne, mens du overfører dem.
p)   Hold et lamt eller et barberblad i en 30-graders vinkel, og skær hurtigt, men let fem streger diagonalt hen over toppen af baguetterne, cirka ¼ tomme dyb og 2 inches fra hinanden. Dyp bladet i vand mellem brødene for at frigøre klistret dej.
q)   Sæt bagepladen i ovnen, eller, hvis du bruger en bagesten, skub bagepapiret fra pladen over på bagestenen.

r) Sprøjt brødene med vand 4 eller 5 gange i alt og luk ovnlågen. Spray igen efter 3 minutters bagning og igen efter yderligere 3 minutter, og arbejd hurtigt hver gang for ikke at miste ovnvarmen.
s) Bages i 24 til 28 minutter i alt, indtil brødene er dybt gyldenbrune.
t) Overfør brødene til en rist i 15 til 20 minutter, før de skæres.

47. Baguetter Au Levain

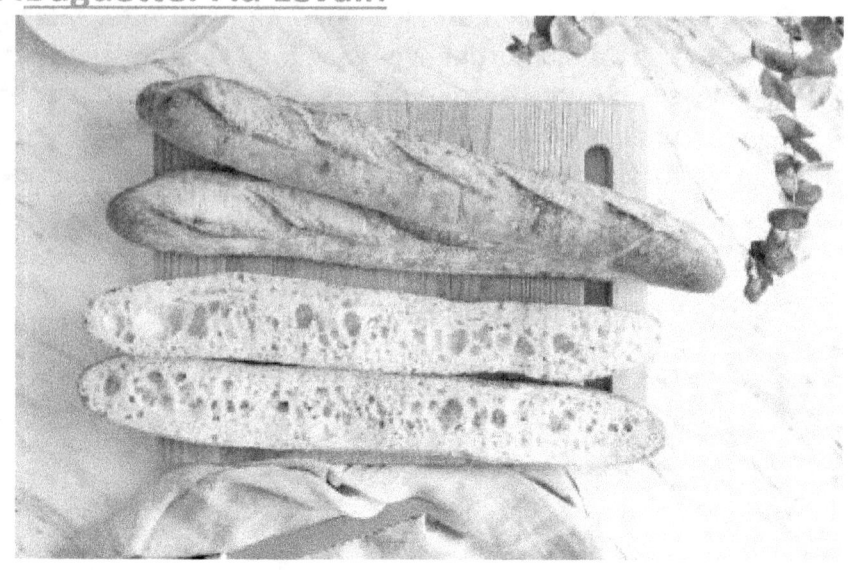

INGREDIENSER:
- 1¼ kop forret, ved stuetemperatur.
- ¼ kop vand
- 2 tsk olivenolie
- 2½ kop Brødmel
- ¾ tsk salt
- 1½ spsk sukker
- 2 teskefulde gær

INSTRUKTIONER:
a) Tag starteren ud af køleskabet aftenen før du starter brødet. Foderstarter og lad den komme til stuetemperatur, mens den fordøjer fodringen. Kom ingredienserne i gryden i den angivne rækkefølge. Sæt til dej, tryk på start.
b) Når cyklussen er færdig, fjern dejen, klem gasserne ud, læg dem i en skål, dæk med et fugtigt viskestykke og lad hvile i 30 minutter.
c) Drys majsmel på bordet, form dejen til 2 tynde cylindre, læg brødene i en baguetteform, dæk med et viskestykke og lad hæve i køleskabet i 12 til 24 timer.
d) Tag ud af køleskabet, drys med vand og lad det sidde, indtil det er helt hævet. Drys med vand igen og bag i konventionel ovn ved 375 F i 30 minutter eller indtil brun og sprød. For virkelig sprødt brød, spray med vand hvert 5. minut, mens du bager!

48. Pain d'Épi

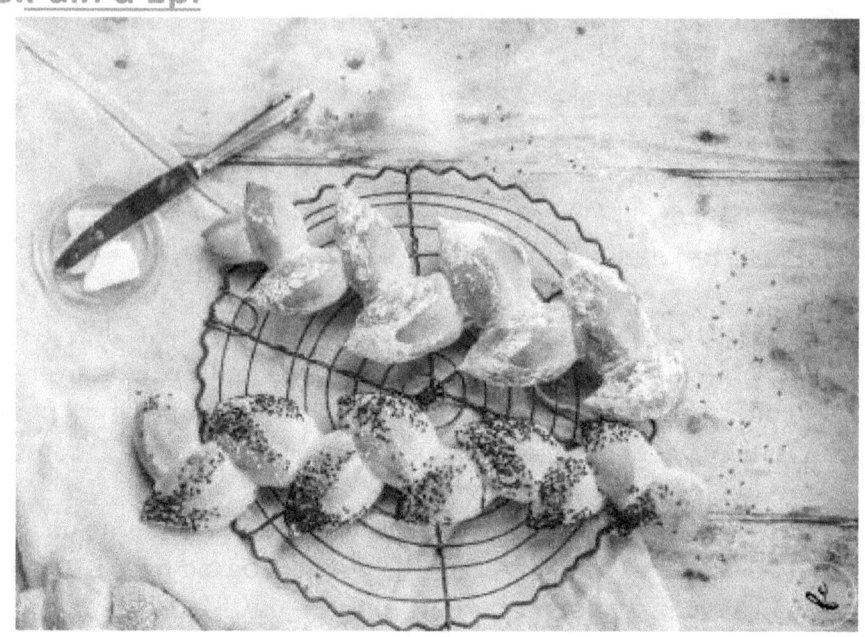

INGREDIENSER:
- 1¾ kopper vand, ved stuetemperatur, delt
- 2 tsk instant gær, delt
- 5 kopper minus 1½ spsk brødmel (eller T55 mel), opdelt
- 1 spsk kosher salt

INSTRUKTIONER:
a) Lav en patefermenté: I en mellemstor skål røres ½ kop vand sammen med en knivspids gær. Tilsæt 1¼ kopper mel og 1 tsk salt. Rør indtil en shaggy dej samles. Vend dejen på din bænk og ælt, indtil den er godt blandet, 1 til 2 minutter. Blandingen vil være klistret. Kom dejen tilbage i skålen, dæk med et håndklæde og stil til side i 2 til 4 timer ved stuetemperatur eller køl natten over. Den skal fordobles i størrelse.

b) Lav dejen: Tilsæt de resterende 1¼ kopper vand og resterende gær til patéfermentéen, brug fingrene til at bryde dejen op i væsken. Tilsæt de resterende 3⅔ kopper mel og de resterende 2 tsk salt og bland, indtil der dannes en pjusket dej, cirka 1 minut.

c) Vend dejen ud på en ren bænk og ælt i 8 til 10 minutter (eller overfør til en røremaskine og ælt i 6 til 8 minutter ved lav hastighed), indtil den er glat, strækbar og smidig. Hvis du ælter i hånden, skal du modstå trangen til at tilføje mere mel; dejen bliver naturligt mindre klistret, mens du arbejder med den.

d) Stræk dejen for at kontrollere for korrekt glutenudvikling. Hvis det rives for hurtigt og føles groft, fortsæt med at ælte, indtil det er glat og smidigt.

e) Hvis dejen æltes i hånden, så kom dejen tilbage i skålen. Dæk med et håndklæde og stil til side i 1 time eller indtil dobbelt størrelse.

f) Mel din bænk let og brug en plastikskraber til at frigøre dejen fra skålen. Brug en metalbordskraber til at dele dejen i 4 lige store sektioner (ca. 250 gram hver). Dæk med et håndklæde og hvile i 5 til 10 minutter.

g) Arbejd med en sektion ad gangen og brug fingerspidserne til forsigtigt at trykke dejen ind i et groft rektangel. Fold den øverste fjerdedel ned til midten, og fold derefter den nederste fjerdedel op til midten, så de mødes.

h) Tryk let langs sømmen for at hæfte. Fold den øverste halvdel af dejen over den nederste halvdel for at skabe en log. Brug hælen på din hånd eller dine fingerspidser til at forsegle sømmen.

i) Vend forsigtigt dejen, så sømmen er i bunden, og brug dine hænder til at vippe enderne af brødet frem og tilbage for at skabe en fodboldform. Arbejd derefter dine hænder fra midten af brødet ud mod kanterne for at forlænge det til 12 til 14 tommer. Gentag med de resterende sektioner.

j) Beklæd to bageplader med bagepapir. Overfør forsigtigt to brød til hver forberedt bageplade, med en afstand på 4 til 5 tommer fra hinanden.

k) Hold saksen i en vinkel på 45 grader, skær i én baguette ca. 2 tommer fra enden (skær næsten hele vejen gennem brødet, i et smæk, så saksespidserne kun er ca. ⅛ tomme fra enden af dejen). Læg straks, men forsigtigt stykket til højre. Lav et andet snit omkring 2 cm langs brødet og læg dejstykket til venstre. Gentag, skiftevis den side, du flytter dejen til, indtil du har skåret hele brødet.

l) Dæk med håndklæder og sæt til side til hævning i 1 time eller indtil skumfidus-agtig i konsistensen. Hvis du prikker i dejen, skal den springe lidt tilbage og efterlade et fordybning. Efter 30 minutters hævning skal du forvarme ovnen til 475°F.

m) Når brødene er klar til at bage, sættes bagepladerne i ovnen. Sprøjt brødene med vand 4 eller 5 gange i alt og luk lågen. Spray igen efter 3 minutters bagning og igen efter yderligere 3 minutter, og arbejd hurtigt for ikke at miste ovnvarmen. Bages i alt i 24 til 28 minutter, og drej pladernes position halvvejs gennem bagningen for jævn bruning, indtil brødene er dybt gyldenbrune.

n) Overfør brødene til en rist i 10 til 15 minutter før servering.

49. Pain d'Épi Aux Herbes

INGREDIENSER:
- 1¼ kopper varmt vand, delt
- 0,63-ounce pakke Instant surdejsgær
- 4 kopper brødmel, delt
- 2¾ tsk kosher salt
- 1 tsk hvidløgspulver
- 1 tsk hakket frisk rosmarin
- 1 tsk hakket frisk salvie
- 1 tsk hakket frisk timian
- ½ tsk malet sort peber
- 1½ dl kogende vand
- Hermed olivenolie, til servering

INSTRUKTIONER:
a) Pisk ¾ kop (180 gram) varmt vand og instant surdejsgær sammen i skålen med en standmixer udstyret med paddletilbehøret, indtil det er opløst. Tilsæt 1⅓ kopper (169 gram) mel, og pisk ved lav hastighed, indtil det er blandet, cirka 30 sekunder. Dæk til og lad hæve et lunt, trækfrit sted, indtil fordoblet størrelse, 30 til 45 minutter.

b) Tilsæt salt, hvidløgspulver, rosmarin, salvie, timian, sort peber, resterende 2⅔ kopper (339 gram) mel og resterende ½ kop (120 gram) varmt vand til gærblandingen, og pisk ved lav hastighed, indtil dejen samles, ca. sekunder. Skift til dejkrogen. Pisk ved lav hastighed i 2 minutter.

c) Olie en stor skål let. Placer dejen i skålen, vend til fedtet toppen. Dæk til og lad stå et varmt, trækfrit sted, indtil glat og elastisk, ca. ½ time, vend hvert 30. minut.

d) Vend dejen ud på en meget let meldrysset overflade og del den i to. Klap forsigtigt den ene halvdel ind i et 9x4-tommers rektangel; fold den ene kortside over den midterste tredjedel, klem for at forsegle. Fold den resterende tredjedel over den foldede del, klem for at forsegle. Vend dejen om, så den er med sømsiden nedad. Dæk til og lad stå i 20 minutter. Gentag med den resterende halvdel af dejen.

e) Beklæd en bageplade med kanter med bagepapir, og lad det overskydende strække sig lidt ud over siderne af formen. Støv kraftigt med mel.

f) Klap forsigtigt hver baguette ind i et 8x6-tommers rektangel, den ene langside nærmest dig. Fold den øverste tredjedel af dejen til midten, tryk for at forsegle. Fold den nederste tredjedel over den foldede del, tryk for at forsegle. Fold dejen på midten, så de lange kanter mødes. Brug håndens hæl, og tryk hårdt på kanterne for at forsegle. Rul ind i en 15- til 16-tommer log af jævn tykkelse, ender tilspidsede lidt.

g) Placer 1 log på den forberedte pande med sømsiden nedad, og sæt den ind mod den ene langside af panden. Træk op og fold pergament for at skabe en væg på modsatte side af bjælken. Sæt den resterende træstamme på den anden side af pergamentvæggen med sømsiden nedad. Gentag træk- og foldningsprocessen med pergament for at danne en væg på den modsatte side af den anden træstamme, og tyn ned med et køkkenrulle for at forhindre pergament i at glide. Dæk til og lad hæve et varmt, trækfrit sted, indtil det er let hævet, 45 til 50 minutter.

h) Placer en stor støbejernsgryde på nederste rille i ovnen og en bageplade med kant på midterste rille. Forvarm ovnen til 475°F.

i) Overfør forsigtigt dejstokke til et stykke bagepapir; drys toppene grundigt med mel. Brug en køkkensaks til at lave et hurtigt, rent 45-graders snit cirka 1½ inches fra enden af 1 log, og skær cirka tre fjerdedele af vejen igennem.

j) Vend forsigtigt dejstykket til side. Lav et andet snit 1½ tommer fra først, og vend forsigtigt dejstykket til modsatte side. Gentag, indtil du når enden af træstammen, hvilket skaber en hvedestilk. Gentag proceduren med den resterende log.

k) Fjern den forvarmede pande fra ovnen. Læg forsigtigt bagepapir med dej på panden, og sæt tilbage i ovnen. Hæld forsigtigt 1½ dl kogende vand i den forvarmede stegepande. Luk ovnlågen med det samme.

l) Bages, indtil de er gyldenbrune, og et øjeblikkeligt termometer indsat i midten viser 205°F (96°C), cirka 15 minutter. Lad afkøle på panden på en rist.

m) Server med urteolivenolie.

50.Fouée

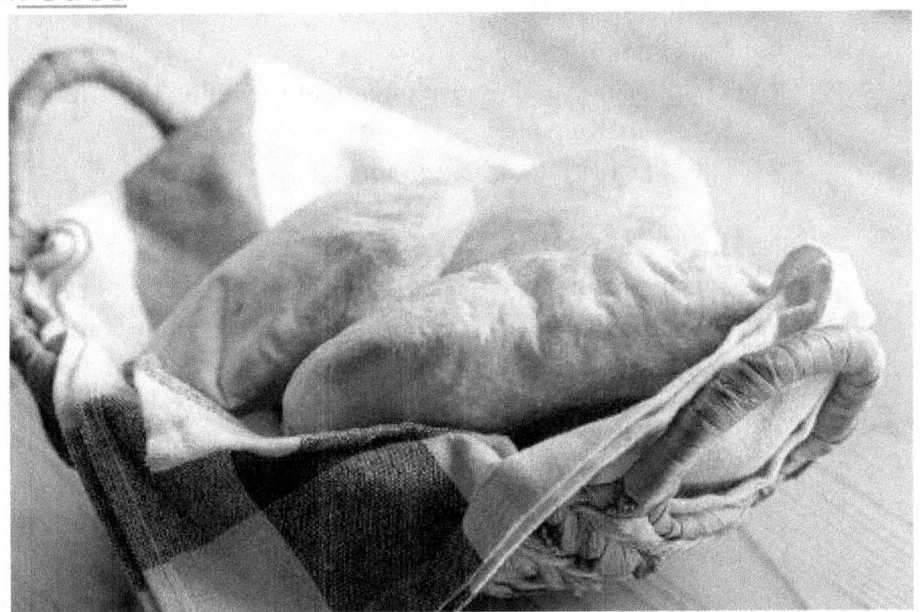

INGREDIENSER:
- 1½ dl vand ved stuetemperatur
- 2 tsk instant gær
- 5 kopper minus 1½ spsk universalmel (eller T55-mel)
- 1 spsk kosher salt
- Olie, til smøring af bageplade

INSTRUKTIONER:
a) Lav dejen: Bland vand og gær i en skål, og rør derefter mel og salt i. Ælt i hånden i 6 til 8 minutter (eller 4 til 6 minutter i en røremaskine ved lav hastighed), indtil det er godt blandet og glat. Hvis du arbejder i en røremaskine, skal du muligvis færdiggøre dejen i hånden, da den er lidt tung. Dæk med et håndklæde eller plastfolie, og stil til side i 1 time eller indtil dobbelt størrelse. Dette vil variere afhængigt af dit køkkentemperatur.
b) Form og bag: Mel din bænk let og brug en plastikskraber til at frigøre dejen fra skålen. Brug en metalbænkskraber til at dele i 8 lige store stykker, ca. 115 gram hver.
c) Brug fingerspidserne til at trække kanterne af det ene stykke dej indad, og arbejde rundt om dejen med uret, indtil alle kanter er foldet ind i midten.
d) Klem let for at klæbe. Du skal se dejens folder mødes i midten og skabe en søm. (Pas på ikke at ælte dejen eller tømme den for aggressivt.)
e) Vend hver runde. Sæt begge hænder rundt om bunden, og brug bordets greb til at trække runden mod dig, mens du roterer, for at stramme sømmen. Gentag med de resterende runder. Dæk med et håndklæde og hvile i 5 til 10 minutter.
f) Overfør 4 runder til en lille tallerken, dæk med et håndklæde eller plastfolie, og sæt dem i køleskabet. Dæk de resterende runder og hvil i 5 til 10 minutter.

g) Forvarm ovnen til 475°F. Sæt en bagesten eller olieret kraftig bageplade på midterste rille i ovnen.
h) Støv din bænk med mel og rul de 4 uafkølede dejrunde til ¼ tomme tykke cirkler. Vær præcis med hensyn til tykkelsen: Dej, der

er for tyk, hæver ikke, og de, der er for tynde, bliver kiks. Hvis dejen trækker sig tilbage, mens du ruller, skal du dække den til, hvile i yderligere 10 minutter og derefter prøve igen.

i) Hæv, afdækket, i 15 til 20 minutter eller indtil let pustet. Rul imens de 4 runde på køl ud.

j) Placer hurtigt og forsigtigt de første 4 stykker på bagestenen eller bagepladen, med en afstand på mindst 2 tommer fra hinanden. Bages i 8 til 10 minutter, indtil de er hævede og let gyldenbrune i pletter.

k) Tag dem ud af ovnen, sæt dem på en rist, og bag de resterende stykker, når de er let hævede og har hvilet i 15 til 20 minutter.

l) Afkøl i 5 til 10 minutter før opdeling og påfyldning.

51. Fougasse

INGREDIENSER:
- 1¾ kopper vand, ved stuetemperatur, delt
- 2 tsk instant gær, delt
- 5 kopper minus 1½ spsk brødmel (eller T55 mel), opdelt
- 2 spsk olivenolie, plus mere til drypning
- 1 spsk kosher salt, plus mere til at drysse

INSTRUKTIONER:
a) Lav en patéfermenté: I en skål røres ½ kop vand sammen med en knivspids gær. Tilsæt 1¼ kopper mel og 1 tsk salt. Rør indtil en shaggy dej samles. Vend dejen på din bænk og ælt, indtil den er godt blandet, 1 til 2 minutter. Blandingen vil være klistret. Kom dejen tilbage i skålen, dæk med et håndklæde og stil til side i 2 til 4 timer ved stuetemperatur eller køl natten over. Den skal fordobles i størrelse.

b) Lav dejen: Tilsæt de resterende 1¼ kopper vand og resterende gær til patéfermentéen, brug fingrene til at bryde dejen op i væsken. Tilsæt de resterende 3⅔ kopper mel, olien og de resterende 2 tsk salt og bland, indtil der dannes en pjusket dej, cirka 1 minut.

c) Vend dejen ud på en ren bænk og ælt i 8 til 10 minutter, indtil den er glat, strækbar og smidig. Hvis du ælter i hånden, skal du modstå trangen til at tilføje mere mel; dejen bliver naturligt mindre klistret, mens du arbejder med den.

d) Stræk dejen for at kontrollere for korrekt glutenudvikling. Hvis det rives for hurtigt og føles groft, fortsæt med at ælte, indtil det er glat og smidigt.

e) Hvis dejen ældtes i hånden, så kom dejen tilbage i skålen. Dæk med et håndklæde og stil til side i 1 time eller indtil dobbelt størrelse.

f) Form og bag: Mel din bænk let og brug en plastikskraber til at frigøre dejen fra skålen. Brug en metalbordskraber til at dele dejen i 4 lige store sektioner (ca. 250 gram hver). Dæk med et håndklæde og hvile i 5 til 10 minutter. Beklæd to bageplader med bagepapir.

g) Drys kuglerne med mel og flad hver til en grov oval lidt over ¼ tomme tyk, ved at bruge først fingerspidserne og derefter en kagerulle, hvis det ønskes.

h) Brug en skrælkniv holdt i en 45 graders vinkel til at skære dekorative linjer ind i dejen. Sørg for at skære hele vejen gennem dejen, og hold snittene mindst ½ tomme fra hinanden.

i) Overfør forsigtigt to brød til hver forberedt bageplade, med et par centimeters mellemrum mellem dem. Stræk dem forsigtigt for at sikre, at snittene forbliver åbne under bagningen.

j) Dæk brødene med håndklæder og lad dem hæve i 30 til 45 minutter, eller indtil skumfidusen har en konsistens. Hvis du prikker i dejen, skal den springe lidt tilbage og efterlade et fordybning. Efter 15 minutters hævning skal du forvarme ovnen til 475°F.

k) Når brødene er klar til at bage, sættes bagepladerne i ovnen. Sprøjt brødene med vand 4-5 gange, og luk lågen.

l) Spray igen efter 3 minutters bagning og igen efter yderligere 3 minutter, og arbejd hurtigt for ikke at miste ovnvarmen. Bages i 18 til 20 minutter i alt, indtil brødene er dybt gyldenbrune, og drej pladernes position halvvejs gennem bagningen for jævn bruning.

m) Tag pladerne ud af ovnen og stil dem til at køle lidt af.

n) Dryp med olivenolie og drys med salt inden servering.

52. Fougasse à l'Ail

INGREDIENSER:
- 2 kopper Brødmel
- 1 stor spiseskefuld gær
- 1½ kop varmt vand
- Havsalt til pynt
- 1½ kg mel
- 1½ spsk salt
- 100 ml olivenolie
- 1 spsk gær
- 1 spsk hakket frisk hvidløg
- 1 kop varmt vand; (ca.)

INSTRUKTIONER:

a) For at lave starteren skal du blande mel, gær og vand sammen, indtil blandingen ligner en halvtyk dej. Lad sig dække i en ikke-reaktiv skål i op til 3 dage for at udvikle en dejlig moden smag.

b) Bland starteren, mel, salt, gær, hvidløg og halvdelen af olien med cirka 1 kop varmt vand for at lave en blød dej.

c) Ælt på en meldrysset overflade, indtil dejen er silkeblød, tilsæt mel efter behov, indtil dejen ikke længere er klistret.

d) Lad dejen hæve i en oliesmurt skål, til den er fordoblet, cirka 2 timer.

e) Del dejen i 6 eller 8 stykker og dup den i ovale forme ca. 2 cm. tyk. Skær diagonale snit i dejen med en skarp kniv og stræk derefter forsigtigt ud for at åbne hullerne. Pensl med olie efter eget valg og drys med havsalt.

f) Lad hæve i 20 minutter og bag ved 225 grader. i 15-20 minutter, sprøjt med vand to gange under bagningen.

g) Tag ud af ovnen og pensl endnu en gang med olivenolie.

53. Fougasse Au Romarin

INGREDIENSER:
- ½ batch crusty brød
- 3 spsk Frisk rosmarin, hakket

INSTRUKTIONER:
a) Bland dejen.
b) Efter at dejen har hævet i 1½ til 2 timer, kan den formes til en fougasse. Læg dejen på en let meldrysset overflade og dup den til et langt smalt rektangel. Drys et lag hakket rosmarin over overfladen af dejen, og pas på at dække kanterne også.
c) Fold dejen i tredjedele som et forretningsbrev, den øverste tredjedel over midten af dejen, derefter den nederste tredjedel over det, og overlapp de to fuldstændigt. Tryk de 3 åbne sider af fougassen tæt til.
d) Dæk brødet godt med plastfolie og lad det hæve, indtil det er fordoblet i bulk, cirka 1 til 2 timer.
e) Forvarm ovnen til 475 grader F 30 minutter før bagning. Placer en bagesten i ovnen for at forvarme og placer en ovnrist lige under stenen.
f) Drys en skræl eller en bageplade på hovedet rigeligt med majsmel og læg fougassen ovenpå, og stræk den lidt ud, så den bliver til en firkant.
g) Skær et dekorativt mønster, såsom et blad eller en stige, ind i dejen med en dejskærer. Fordel og stræk brødet ud, indtil udskæringerne danner store åbninger.
h) Sørg for, at fougassen er løsnet fra skrællen, og skub den derefter forsigtigt over på bagestenen. Brug en plantesprøjte, dug hurtigt brødet med vand 8 til 10 gange, og luk derefter hurtigt ovndøren. Dug igen efter 1 minut. Dug derefter igen 1 minut senere.
i) Bages i cirka 10 minutter, og reducer derefter temperaturen til 450 grader og bag 15 minutter længere, eller indtil brødet lyder lidt hult, når der bankes på bunden, og skorpen er en medium til mørkebrun.
j) Læg brødet over på en rist til afkøling i mindst 30 minutter før servering.

54. Pain De Campagne

INGREDIENSER:
- ¼ kop surdejsstarter eller patéfermenté (her)
- 1¼ kopper vand, ved stuetemperatur
- 2¾ kopper plus 1 spiseskefuld brødmel (eller T55 mel)
- ⅔ kop rugmel (eller T170 mel)
- 1 spsk kosher salt

INSTRUKTIONER:

a) Lav dejen: I en mellemstor skål røres surdejsstarteren, vand, brødmel og rugmel sammen. Tilsæt saltet og rør, indtil en pjusket dej er samlet.

b) Vend dejen på en ren bænk og ælt i 8 til 10 minutter, indtil den er glat, strækbar og smidig. Hvis du ælter i hånden, skal du modstå trangen til at tilføje mere mel; dejen bliver naturligt mindre klistret, mens du arbejder med den.

c) Stræk dejen for at kontrollere for korrekt glutenudvikling. Hvis det rives for hurtigt og føles ru i konsistensen, fortsæt med at ælte indtil glat og smidig konsistens.

d) Hvis dejen æltes i hånden, så kom dejen tilbage i skålen. Dæk med et håndklæde og stil til side i 1 til 3 timer eller indtil dobbelt størrelse.

e) Mel en banneton eller skål foret med et håndklæde. Mel din bænk let og brug en plastikskraber til at frigøre dejen fra skålen.

f) Brug fingerspidserne til at trække kanterne af dejen indad, og arbejde rundt om dejen med uret, indtil alle kanter er foldet ind i midten. Klem let for at klæbe. Du skal se dejens folder mødes i midten og skabe en søm. Vend dejen om.

g) Mel den glatte top af dejen, og læg den runde med sømsiden opad i den forberedte kurv. For et brød med et ringmønster skal du fjerne foringen fra hævekurven og melet, før du lægger dejen indeni.

h) Dæk med et håndklæde og sæt til side til hævning i 1 til 1½ time, indtil lys i konsistensen og fordoblet i volumen. Hvis du prikker i dejen, skal den springe lidt tilbage og efterlade et fordybning.

i) Efter 30 minutters hævning skal du forvarme ovnen til 475°F med en bagesten, bageplade eller hollandsk ovn (med låget) indeni for at varme op, når ovnen opvarmes.

j) Når brødet er klar til at bage, vend det forsigtigt på en 10- til 12-tommers firkant af bagepapir. Hold en lam ved 90 grader, og brug hurtige, lette bevægelser til at markere et stort X i midten af brødet, ¼ tomme dybt.

k) Hvis du bruger en bageplade, skal du vende det hævede brød over på en bageplade beklædt med bagepapir og sætte det i den forvarmede ovn. Hvis du bruger en bagesten, skal du skubbe bagepapiret med brødet på bagsiden af en bageplade, derefter fra bagepladen over på den opvarmede bagesten i ovnen.

l) Reducer ovntemperaturen til 450°F, sprøjt brødet med vand 4 eller 5 gange, og luk lågen. Spray igen efter 3 minutters bagning, derefter igen efter yderligere 3 minutter, og arbejd hurtigt hver gang for ikke at miste ovnvarmen.

m) Bages i alt i 25 til 30 minutter, indtil skorpen er dybt gyldenbrun, og en temperatursonde indsat i midten af brødet registrerer omkring 205°F. Brug bagepapiret til at skyde brødet ud af ovnen og over på en rist.

n) Hvis du bruger en hollandsk ovn eller cocotte: Tag gryden ud af ovnen, afdæk den, og sænk brødet ned ved hjælp af bagepapir.

o) Dæk til og bag i 20 minutter, fjern derefter låget og bag i yderligere 10 til 15 minutter, indtil brødet er dybt gyldenbrunt. Brug kanterne af bagepapiret som en slynge til at løfte brødet ud af gryden og over på en rist. (Det er unødvendigt at sprøjte brød lavet i en hollandsk ovn eller cocotte, da den lukkede gryde tillader brødet at dampe sig selv.)

p) Lad brødet sidde i 15 til 20 minutter, før det skæres i skiver.

55. Boule De Pain

INGREDIENSER:
- 1½ kopper vand, ved stuetemperatur, delt
- 2 tsk instant gær, delt
- 3¾ kopper brødmel (eller T55-mel), delt
- ¼ kop fuldkornshvedemel (eller T150 mel)
- 1 spsk kosher salt

INSTRUKTIONER:
GØR EN POOLISK:
a) I en skål røres ¾ kop plus 2 spsk vand sammen med en knivspids gær. Tilsæt 1¾ kopper brødmel. Rør, indtil der dannes en glat pasta. Dæk med et håndklæde og stil til side i 2 til 4 timer ved stuetemperatur eller køl natten over. Den skal fordobles i størrelse.

LAV DEJEN:
b) Tilsæt den resterende ⅔ kop vand og resterende gær til poolishen, brug fingrene til at bryde dejen op i væsken. Tilsæt de resterende 2 kopper brødmel, fuldkornshvedemelet og saltet, og bland indtil der dannes en pjusket dej, cirka 1 minut. Vend dejen ud på en ren bænk og ælt i 8 til 10 minutter, indtil dejen er glat, strækbar og smidig. Hvis du ælter i hånden, skal du modstå trangen til at tilføje mere mel; dejen bliver naturligt mindre klistret, mens du arbejder med den.

c) Stræk dejen for at kontrollere for korrekt glutenudvikling. Hvis det rives for hurtigt og føles groft, fortsæt med at ælte, indtil det er glat og smidigt.

d) Hvis dejen æltes i hånden, så kom dejen tilbage i skålen. Dæk med et håndklæde og stil til side i 1 time eller indtil dobbelt størrelse.

e) Form og bag: Mel en bannetonformekurv eller en skål foret med et håndklæde. Mel din bænk let og brug en plastikskraber til at frigøre dejen fra skålen.

f) Brug fingerspidserne til at trække kanterne af dejen indad, og arbejde rundt om dejen med uret, indtil alle kanter er foldet ind i midten. Klem let for at klæbe. Du skal se dejens folder mødes i midten og skabe en søm.

g) Vend dejen om. Sæt begge hænder rundt om bunden, og brug bordets greb til at trække runden mod dig, mens du roterer, for at stramme sømmen. Mel den glatte top og læg den runde med sømsiden opad i den forberedte kurv eller skål.

h) Dæk med et håndklæde og sæt til side til hævning i 1 til 1½ time, indtil lys i konsistensen og fordoblet i volumen. Hvis du prikker i dejen, skal den springe lidt tilbage og efterlade et fordybning. Efter 30 minutters korrektur,

i) Forvarm ovnen til 475 ° F med en bagesten, bageplade eller hollandsk ovn indeni for at varme op, når ovnen opvarmes.

j) Når brødet er klar til at bage, vend det forsigtigt på en 10- til 12-tommers firkant af bagepapir. Brug en halt eller barbermaskine til dekorativt at score ved hjælp af hurtige, lette bevægelser.

k) Skub det hævede brød på bagepapiret over på en bageplade og sæt det i den forvarmede ovn. Hvis du bruger en bagesten, skal du skubbe bagepapiret med brødet på bagsiden af en bageplade, derefter fra bagepladen over på den opvarmede bagesten i ovnen. (Hvis du bruger en hollandsk ovn, skal du springe til trin 12.)

l) Reducer ovntemperaturen til 450°F, sprøjt brødet med vand 4 eller 5 gange, og luk lågen. Spray igen efter 3 minutters bagning og igen efter yderligere 3 minutter, og arbejd hurtigt hver gang for ikke at miste ovnvarmen. Bages i alt i 25 til 30 minutter, indtil skorpen er dybt gyldenbrun, og en temperatursonde indsat i midten af brødet registrerer omkring 200°F. (Jeg kan godt lide at tjekke temperaturen ved at indsætte sonden i siden af brødet i stedet for toppen, så hullet er diskret.) Skub brødet over på en rist.

m) Hvis du bruger en hollandsk ovn, skal du fjerne gryden fra ovnen, afdække den og sænke brødet indeni ved hjælp af bagepapir. Dæk til og bag i 20 minutter, fjern derefter låget og bag i yderligere 10 til 15 minutter, indtil brødet er dybt gyldenbrunt og temperaturen registrerer omkring 200 °F. Brug kanterne af bagepapiret som en slynge til at løfte brødet ud af gryden og over på en rist.

n) Lad brødet afkøle i 15 til 20 minutter, før det skæres i skiver.

56. La Petite Boule De Pain

INGREDIENSER:
- 7 kopper Brødmel
- ¾ kop hårdt rødt mel
- ¾ kop speltmel
- 2¾ kop vand
- 1 ¾ spsk salt
- 1 ½ tsk gær
- 2 ½ tsk sukker
- ⅓ kop hørfrø, sesam eller græskarfrø

INSTRUKTIONER:

a) Først skal du starte din gær, for at gøre det, skal du bruge en høj målekop, ideelt set hvor du putter dit sukker og din dehydrerede gær, fattig på 65 º C og blander med en ske, indtil alt er opløst, så lad det sidde i 10 minutter, indtil det ser sådan ud.

b) Væg dit mel og salt og læg dem på din bordplade, vær omhyggelig med at have nogenlunde samme mængde overalt, da du kommer til at fortære væsken indeni, og du ikke vil have en åbning nogen steder, ellers er du i problemer.

c) Bland fingrene i ved at gå i cirkel og blande langsomt melet på siden, indtil du har en god dej.

d) Når du har en god dej, vil du arbejde den ud i 5 minutter med hånden og forsøge at udvikle gluten indeni. Til sidst skal du tilføje korn efter eget valg

e) Når du har gjort det, hæv din dej i en skål dækket med et vådt håndklæde i 2 til 3 timer i din ovn.

f) Har du ikke en proofer, så er det meget enkelt, brug din gas- eller el-ovn, sæt en skål med varmt vand op i bunden og tænd for din ovn til en hvilken som helst temperatur i cirka 3 minutter og sluk den.

g) Når den er hævet, skal du lægge den på din bordplade med meget lidt mel og ikke ælte den, bare flad den op og fold dejen, den skal være ret elastisk, så tag den ene ende, den nordlige ende af dejen, og før den mod syd, gør det samme for alle hjørner et par gange, og vend det derefter og rund op ad "boulen".

h) Foldningen er det, der skal give brødet kraft til at hæve. Når du har vendt det om, lad det hæve endnu en gang ved stuetemperatur på bordpladen i cirka en time med et vådt håndklæde.
i) Lige før timemærket opvarmer du din ovn til 225 º C og putter i din støbejernsgryde eller en kraftig ovnfast gryde med tætsluttende låg uden låg, du skal bruge låget når brødet er i.
j) Skær toppen to gange med et barberblad eller en skarp kniv og mel toppen (det vil give den den smukke tekstur på toppen), tag derefter dejen med hånden og læg den i din tunge ovnfaste gryde med låg på i ca. 20 minutter.
k) Efter de første 20 minutter skal du sænke temperaturen til 200 º C og bage den igen i yderligere 20 minutter uden låg.
l) Efter de 40 minutter, tag det ud af ovnen og fjern det fra din gryde og køl det ned på en rist, og der har du det.
m) For at holde dit brød lidt længere, har du et par muligheder, efter en dag kan du skære det i skiver og fryse det, i en lynlås eller du kan opbevare det helt som det er, men du skal pakke det ind i en håndklæde hver gang du er færdig med at bruge det. det vil vare 3 dage som denne.
n) Hvis du kan lide brød, der er lidt mindre tætte, så fordoble gæren og lad dejen hvile længere. I vores familie kan vi godt lide tæt brød :-)

57. Smerte færdig

INGREDIENSER:
- ¾ kop vand, ved stuetemperatur, delt
- 2 spsk honning
- 1½ tsk instant gær, delt
- 2¼ kopper fuldkornshvedemel (eller T150 mel), delt
- 1½ tsk kosher salt

INSTRUKTIONER:
a) Lav en poolish: Rør ½ kop vand, honningen og en knivspids gær sammen i en mellemstor skål, derefter en 1 kop mel. Rør indtil der dannes en tyk pasta. Dæk med et håndklæde og stil til side i 2 til 4 timer ved stuetemperatur eller køl natten over. Den skal fordobles i størrelse.

b) Lav dejen: Tilsæt den resterende ¼ kop vand og den resterende gær til smagen, brug fingrene til at bryde dejen op i væsken. Tilsæt de resterende 1¼ kopper mel og saltet, og bland indtil der dannes en pjusket dej, cirka 1 minut. Vend dejen ud på en ren bænk og ælt i 8 til 10 minutter (eller overfør til en røremaskine og ælt i 6 til 8 minutter ved lav hastighed), indtil den er glat, strækbar og smidig. Hvis du ælter i hånden, skal du modstå trangen til at tilføje mere mel; dejen bliver naturligt mindre klistret, mens du arbejder med den. Hvis dejen æltes i hånden, så kom dejen tilbage i skålen. Dæk med et håndklæde og stil det til side i 1 time eller indtil dobbelt størrelse.

c) Form og bag: Mel din bænk let og brug en plastikskraber til at frigøre dejen fra skålen.

d) Brug fingerspidserne til at trække kanterne af dejen indad, og arbejde rundt om dejen med uret, indtil alle kanter er foldet ind i midten. Klem let for at klæbe.

e) Du skal se dejens folder mødes i midten og skabe en søm.

f) Vend dejen om. Sæt begge hænder rundt om bunden, og brug bordets greb til at trække runden mod dig, mens du roterer, for at stramme sømmen. Dæk med et håndklæde og hvile i 5 til 10 minutter.

g) Brug fingerspidserne til forsigtigt at trykke runden til en ru oval. Fold den øverste tredjedel af dejen mod dig og tryk let langs sømmen for at hæfte. Rul dejen over sig selv mod dig igen, for at skabe en træstamme, ved at bruge hælen på din hånd eller dine fingerspidser til at forsegle sømmen. Sørg for, at din bænk er let melet. Du vil ikke have for meget pres på dejen, men du vil heller ikke have, at dejen glider i stedet for at rulle. Hvis dejen glider, skal du børste overskydende mel væk og fugte dine hænder let.

h) Vend forsigtigt dejen, så sømmen er i bunden, og brug dine hænder til at vippe enderne af brødet frem og tilbage for at skabe en fodboldform.

i) Arbejd derefter dine hænder fra midten af brødet ud mod kanterne for at forlænge det lidt til omkring 8 tommer langt. Overfør til en bageplade beklædt med bagepapir.

j) Dæk dejen med et håndklæde og stil til side i cirka 1 time, indtil den har en skumfidusagtig konsistens. Hvis du prikker i dejen, skal den springe lidt tilbage og efterlade et fordybning. Efter 30 minutters hævning skal du forvarme ovnen til 450°F.

k) Når brødet er klar til at bage, skal du holde en lamme i en 30-graders vinkel og dekorativt skære ved hjælp af hurtige, lette bevægelser for at skabe parallelle diagonale linjer ned langs brødets længde.

l) Sæt bagepladen i ovnen, sprøjt brødet med vand 4-5 gange, og luk lågen. Spray igen efter 3 minutters bagning og igen efter yderligere 3 minutter, og arbejd hurtigt for ikke at miste ovnvarmen. Bages i 20 til 25 minutter i alt, indtil brødet er dybt gyldenbrunt, og den indre temperatur registrerer omkring 200°F.

m) Overfør brødet til en rist i 15 til 20 minutter, før det skæres i skiver.

58.Pain Aux Noix

INGREDIENSER:
- 1½ dl vand ved stuetemperatur
- 3 spsk honning
- 2 tsk instant gær
- 2⅔ kopper fuldkornshvedemel (eller T150 mel)
- 1½ dl brødmel (eller T55 mel)
- 1 spsk kosher salt
- 1½ kopper groft hakkede valnødder

INSTRUKTIONER:
a) Lav dejen: I en mellemstor skål røres vand, honning og gær sammen. Tilsæt fuldkorns- og brødmel og salt. Rør indtil en shaggy dej samles. Vend dejen på en ren bænk og ælt i 8 til 10 minutter (eller overfør til en røremaskine og ælt i 6 til 8 minutter ved lav hastighed), indtil den er glat, strækbar og smidig. Stræk dejen for at kontrollere for korrekt glutenudvikling. Hvis det rives for hurtigt og føles groft, fortsæt med at ælte, indtil det er glat og smidigt. Ælt valnødderne i.

b) Hvis dejen æltes i hånden, så kom dejen tilbage i skålen. Dæk med et håndklæde og stil til side i 1 time eller indtil dobbelt størrelse. (Denne timing vil variere afhængigt af din køkkentemperatur.)

c) Mel din bænk let og brug en plastikskraber til at frigøre dejen fra skålen. Del dejen i to, brug en vægt for at sikre lige vægt, hvis du har en.

d) Brug fingerspidserne til at trække kanterne af det ene stykke dej indad, og arbejde rundt om dejen med uret, indtil alle kanter er foldet ind i midten. Klem let for at klæbe. Du skal se dejens folder mødes i midten og skabe en søm. (Pas på ikke at ælte dejen eller tømme den for aggressivt.) Vend runden om. Sæt begge hænder rundt om bunden, og brug bordets greb til at trække runden mod dig, mens du roterer, for at stramme sømmen. Gentag med den resterende omgang. Dæk med et håndklæde og hvile i 5 til 10 minutter.

e) Arbejd med en omgang ad gangen, tryk den forsigtigt til en groft oval. Fold den øverste tredjedel af dejen mod dig og tryk let langs sømmen for at hæfte. Rul dejen over sig selv mod dig igen for at skabe en bjælke ved at bruge hælen på din hånd eller dine fingerspidser til at forsegle sømmen. Sørg for, at din bænk er let melet. Du vil ikke have for meget pres på dejen, men du vil heller ikke have den til at glide i stedet for at rulle. Hvis dejen glider, skal du børste overskydende mel væk og fugte dine hænder let.

f) Vend forsigtigt dejen, så sømmen er i bunden, og brug dine hænder til at vippe enderne af brødet frem og tilbage for at skabe en fodboldform.

g) Arbejd derefter dine hænder fra midten af hvert brød ud mod kanterne for at forlænge dem lidt, indtil de er 8 til 10 tommer lange. Overfør begge brød til en bageplade beklædt med bagepapir, med mindst et par centimeters mellemrum.

h) Dæk til med et håndklæde og sæt til side til hævning i cirka 1 time eller indtil skumfidus-y i konsistens. Hvis du prikker i dejen, skal den springe lidt tilbage og efterlade et fordybning. Efter 30 minutters hævning skal du forvarme ovnen til 450°F.

i) Når brødene er klar til at bage, skal du holde en lamme i en 30-graders vinkel og dekorativt skære ved hjælp af hurtige, lette bevægelser for at skabe 2 eller 3 parallelle diagonale linjer ned langs brødets længde.

j) Sæt bagepladen i ovnen, sprøjt med vand 4 eller 5 gange, og luk lågen. Spray igen efter 3 minutters bagning og igen efter yderligere 3 minutter, og arbejd hurtigt for ikke at miste ovnvarmen. Bages i alt i 20 til 25 minutter, indtil brødene er dybt gyldenbrune, og den indre temperatur registrerer omkring 190°F.

k) Overfør brødene til en rist i 15 til 20 minutter, før de skæres.

59.Gibassier

INGREDIENSER:
- 4 kopper mel
- 10 g gær eller bikarbonat
- 150 g pulveriseret blond sukker
- 130 g olivenolie
- 130g lunken hvidvin
- 1 knivspids salt
- 1 kop barberet grøn anis
- 4 cl appelsinblomst

INSTRUKTIONER:
a) Opløs gæren i en beholder med lidt varmt vand.
b) Tilsæt 500 g mel og grav et springvand i det.
c) Tilsæt i midten 130 g olivenolie, 150 g sukker, 1 knivspids salt og 1 spsk og barberet grøn anis.
d) Tilsæt gær, appelsinblomst og bland dejen godt sammen.
e) Tilsæt gradvist den lunkne hvidvin for at opnå en jævn pasta.
f) Del dejen og form 2 små dejstykker.
g) Rul hvert stykke dej ud til en lille kage på 1 cm tyk. Læg dem på en bageplade beklædt med bagepapir, skær 5 snit med en rulle eller en kniv og lad dem hvile natten over i ovnen.
h) Næste dag forvarm ovnen til 180°C, drys med blond rørsukker og bag i 25 til 30 minutter.

60.Smerte Au Søn

INGREDIENSER:
- 10 g frisk bagegær
- 150 g klid
- 250 g speltmel
- 50 g rugmel
- 1 kop salt

INSTRUKTIONER:

a) I en skål lægges 100 g klid i blød i 2 dl vand i 1 time og drænes derefter.

b) I en anden skål hælder du de 2 mel og laver et springvand. Hæld smuldret gær i, saltet og derefter klidblandingen.

c) Ælt alt i 10 til 15 minutter, indtil der dannes en ensartet dej. Dæk skålen med et fugtigt klæde og lad hæve et lunt sted væk fra træk i ca. 1t30.

d) Ælt dejen i cirka ti minutter på en meldrysset arbejdsflade og form derefter et aflangt brød.

e) Forvarm ovnen til 180°C (th.6).

f) Smør en stor form og beklæd den med resten af klid.

g) Fordel dejen i formen og lad den hæve i yderligere 30 minutter.

h) Bag brødet i cirka 50 minutter.

i) Lad afkøle. Afstøbning.

61.Faluche

INGREDIENSER:
- 4 kopper universalmel
- 10 g salt
- 10 g sukker
- 10 g aktiv tørgær
- 300 ml lunkent vand
- 2 spsk olivenolie

INSTRUKTIONER:

a) Tilbered gærblandingen: I en lille skål opløses sukker og gær i lunkent vand. Lad det sidde i 5 minutter, indtil det bliver skummende.

b) Bland de tørre ingredienser i en stor røreskål, kom mel og salt sammen.

c) Form dejen: Lav en fordybning i midten af de tørre ingredienser og hæld gærblandingen og olivenolie i. Bland gradvist melet i de våde ingredienser, indtil der dannes en dej.

d) Ælt dejen: Læg dejen ud på en meldrysset overflade og ælt i 10 minutter, indtil den bliver glat og elastisk.

e) Lad dejen hæve: Læg dejen i en let olieret skål, dæk den med et fugtigt køkkenrulle, og lad den hæve et lunt sted i 1 til 2 timer, indtil den fordobles i størrelse.

f) Forvarm og form: Forvarm din ovn til 220°C (425°F), og læg en bagesten eller bageplade indeni for også at forvarme. Når dejen er hævet, slå den forsigtigt ned og form den til et rundt eller ovalt brød.

g) Sidste hævning: Overfør den formede dej over på et stykke bagepapir. Dæk det til med et fugtigt køkkenrulle og lad det hvile i 15 minutter.

h) Bag: Overfør forsigtigt bagepapiret med dejen over på den forvarmede bagesten eller bageplade. Bages i 15 til 20 minutter, indtil faluchen bliver gyldenbrun og lyder hul, når den bankes på bunden.

i) Afkøl og nyd: Tag faluchen ud af ovnen og lad den køle af på en rist. Når det er afkølet, skæres og serveres som ønsket.

62.Pain De Seigle

INGREDIENSER:
- 1 ¾ dl rugmel
- 2 kopper brødmel
- 2 tsk salt
- 2 tsk sukker
- 2 ¼ teskefulde aktiv tørgær
- 1 ⅓ kopper varmt vand

INSTRUKTIONER:

a) I en stor røreskål kombineres rugmel, brødmel, salt og sukker. Bland godt for at fordele ingredienserne jævnt.

b) I en lille skål opløses gæren i varmt vand. Lad det sidde i cirka 5 minutter, indtil det bliver skummende.

c) Hæld gærblandingen i skålen med de tørre ingredienser. Rør blandingen med en træske eller dine hænder, indtil der dannes en klistret dej.

d) Læg dejen over på en meldrysset overflade og ælt den i cirka 8-10 minutter, indtil den bliver glat og elastisk. Tilsæt eventuelt mere mel for at forhindre at det klistrer, men pas på ikke at tilføje for meget.

e) Læg dejen i en let smurt skål og dæk den med et rent køkkenrulle eller plastfolie. Lad det hæve på et varmt, trækfrit område i cirka 1 til 1 ½ time, eller indtil det fordobles i størrelse.

f) Når dejen er hævet, tømmes den forsigtigt ud ved at trykke ned på den med fingerspidserne. Form dejen til et rundt brød eller læg den i en smurt brødform.

g) Dæk dejen løst med et køkkenrulle og lad den hæve i yderligere 30-45 minutter, eller til den er hævet lidt op.

h) Forvarm i mellemtiden din ovn til 220°C (425°F). Hvis du bruger en bagesten, skal du sætte den i ovnen under forvarmning.

i) Når dejen er færdighævet, fjernes håndklædet og brødet overføres til en bageplade eller direkte på den forvarmede bagesten.

j) Bag pain de seigle i cirka 35-40 minutter, eller indtil skorpen er dybt gyldenbrun og brødet lyder hult, når der bankes på bunden.

k) Tag brødet ud af ovnen og lad det køle af på en rist inden det skæres i skiver og serveres.

l) Nyd din hjemmelavede pain de seigle med dens rige smag og tilfredsstillende tekstur!

63.Miche

INGREDIENSER:
- 4 kopper brødmel
- ¾ kop fuldkornshvedemel
- 2 tsk salt
- 2 ¼ teskefulde aktiv tørgær
- 1½ dl varmt vand

INSTRUKTIONER:

a) I en stor røreskål kombineres brødmel, fuldkornshvedemel og salt. Bland godt for at fordele ingredienserne jævnt.

b) I en lille skål opløses gæren i varmt vand. Lad det sidde i cirka 5 minutter, indtil det bliver skummende.

c) Hæld gærblandingen i skålen med de tørre ingredienser. Rør blandingen med en træske eller dine hænder, indtil der dannes en klistret dej.

d) Læg dejen over på en meldrysset overflade og ælt den i cirka 8-10 minutter, indtil den bliver glat og elastisk. Tilsæt eventuelt mere mel for at forhindre at det klistrer, men pas på ikke at tilføje for meget.

e) Læg dejen i en let smurt skål og dæk den med et rent køkkenrulle eller plastfolie. Lad det hæve på et varmt, trækfrit område i cirka 1 til 1 ½ time, eller indtil det fordobles i størrelse.

f) Når dejen er hævet, tømmes den forsigtigt ud ved at trykke ned på den med fingerspidserne. Form dejen til et rundt brød ved at stikke kanterne nedenunder og dreje den i en cirkulær bevægelse.

g) Læg den formede miche på en bageplade beklædt med bagepapir. Dæk den løst med et køkkenrulle og lad den hæve i yderligere 30-45 minutter, eller til den er pustet lidt op.

h) Forvarm i mellemtiden din ovn til 220°C (425°F) og stil en lav gryde med varmt vand på nederste rille. Dette vil skabe damp i ovnen, hvilket hjælper med at opnå en sprød skorpe.

i) Når michen er færdig med at hæve, fjerner du håndklædet og overfører forsigtigt bagepladen til den forvarmede ovn. Bages i cirka 35-40 minutter eller indtil brødet er gyldenbrunt og lyder hult, når der bankes på bunden.

j) Tag michen ud af ovnen og lad den køle af på en rist inden den skæres i skiver og serveres.

ITALIENSK BRØD

64. Grissini Alle Erbe

INGREDIENSER:
- 1 brød franskbrød, (8-ounce)
- 1 spsk Olivenolie
- 1 fed hvidløg, halveret
- ¾ tsk tørret oregano
- ¾ tsk tørret basilikum
- ⅛ tsk salt

INSTRUKTIONER:
a) Skær brød i halve på kryds og tværs, og skær hvert stykke i halve vandret.
b) Børst olie jævnt over de afskårne sider af brødet; gnid med hvidløg. Drys oregano, basilikum og salt over brødet. Skær hvert stykke brød på langs i 3 stave.
c) Læg brødstænger på en bageplade; bages ved 300 grader i 25 minutter eller indtil de er sprøde.

65. Rude Pugliese

INGREDIENSER:
- 4 kopper brødmel
- 1½ tsk aktiv tørgær
- 2 kopper varmt vand
- 2 tsk salt
- Ekstra jomfru olivenolie (til smøring)
- Majsmel (til aftørring)

INSTRUKTIONER:
a) I en lille skål opløses gæren i ½ kop varmt vand. Lad det sidde i cirka 5 minutter, eller indtil det bliver skummende.
b) Kombiner brødmel og salt i en stor røreskål.
c) Lav en fordybning i midten af melblandingen og hæld gærblandingen og det resterende varme vand i.
d) Rør ingredienserne sammen, indtil der dannes en groft dej.
e) Læg dejen over på en meldrysset overflade og ælt den i cirka 10-15 minutter, eller indtil den bliver glat og elastisk. Tilsæt lidt mere mel, hvis det er nødvendigt for at undgå at klæbe.
f) Læg dejen i en smurt skål, dæk den med et rent køkkenrulle, og lad den hæve et lunt sted i cirka 1-2 timer, eller til den fordobles i størrelse.
g) Forvarm din ovn til 425°F (220°C). Hvis du har en bagesten, så sæt den også i ovnen til forvarmning.
h) Når dejen er hævet, slås den forsigtigt ned for at frigøre eventuelle luftbobler. Form det til et rundt eller ovalt brød.
i) Læg det formede brød på en bageplade eller en pizzaskræl drysset med majsmel. Dette vil forhindre, at brødet sætter sig fast.
j) Dæk brødet med et rent køkkenrulle og lad det hæve i yderligere 30-45 minutter, eller indtil det puster lidt op.
k) Brug en skarp kniv til at lave et par overfladiske skrå på toppen af brødet. Dette vil hjælpe brødet med at udvide sig og skabe en smuk skorpe.
l) Overfør brødet på den forvarmede bagesten eller direkte på bagepladen, hvis du ikke bruger en sten.
m) Bag brødet i den forvarmede ovn i cirka 30-35 minutter, eller indtil det bliver gyldenbrunt og lyder hult, når der bankes på bunden.
n) Når den er bagt, skal du tage Pane Pugliese ud af ovnen og lade den køle af på en rist.

66. Grissini

INGREDIENSER:
- 2 kopper brødmel
- 1 tsk salt
- 1 tsk sukker
- 1 spsk olivenolie
- ¾ kop varmt vand
- Valgfrit: sesamfrø eller valmuefrø til drys

INSTRUKTIONER:
a) I en røreskål kombineres brødmel, salt og sukker. Bland godt for at fordele ingredienserne jævnt.
b) Lav en brønd i midten af de tørre ingredienser og hæld olivenolie og varmt vand i.
c) Rør blandingen med en træske eller dine hænder, indtil den samles til en dej.
d) Overfør dejen til en meldrysset overflade og ælt den i cirka 5-7 minutter, indtil den bliver glat og elastisk.
e) Del dejen i mindre portioner. Tag en portion ad gangen og rul den ud til en tynd reblignende form, cirka ¼ tomme i diameter.
f) Skær den udrullede dej i 8-10 tommer lange stave. Du kan gøre dem kortere eller længere baseret på dine præferencer.
g) Læg grissini-stængerne på en bageplade beklædt med bagepapir. Efterlad lidt mellemrum mellem pindene, så de kan udvide sig.
h) Hvis det ønskes, kan du pensle grissini-stængerne med olivenolie og drysse sesamfrø eller valmuefrø ovenpå for at få ekstra smag og tekstur.
i) Forvarm din ovn til 400°F (200°C).
j) Lad grissini-stængerne hvile og hæve i cirka 15-20 minutter.
k) Bag grissinierne i den forvarmede ovn i cirka 15-20 minutter, eller indtil de bliver gyldenbrune og sprøde.
l) Når de er bagt, skal du tage grissinien ud af ovnen og lade dem køle af på en rist.

67. Rude Pita

INGREDIENSER:
- 3 kopper ubleget all-purpose mel
- 2 tsk instant gær
- 2 tsk Easy Roll Dough Improver
- 2 tsk granuleret sukker
- 1½ tsk salt
- 1 kop vand
- 2 spiseskefulde vegetabilsk olie

INSTRUKTIONER:
a) Vej dit mel; eller det ved forsigtigt at hælde det i en kop og derefter feje det overskydende af. Kom mel sammen med resten af ingredienserne, bland til en shaggy/ru dej.

b) Ælt dejen i hånden (10 minutter) eller med røremaskine (5 minutter) eller med brødmaskine (indstil på dejcyklus), indtil den er glat.

c) Læg dejen i en let smurt skål, og lad den hvile i 1 time; den bliver ret hævet, selvom den måske ikke fordobles i bulk. Hvis du har brugt en bagemaskine, skal du blot lade maskinen fuldføre sin cyklus.

d) Vend dejen ud på en let olieret arbejdsflade og del den i 8 stykker.

68. Rude Al Farro

INGREDIENSER:
- 500 g mel
- 300 gr speltmel (hel mel)
- 350 ml vand
- 25 gr olivenolie (ekstra jomfru)
- 20 g ølgær (frisk)
- 20 g salt
- 1 tsk bygmalt (valgfrit)
- 100 gr frø (blandet)

INSTRUKTIONER:

a) For at forberede speltbrødet skal du starte med at opløse den smuldrede ølgær i lidt vand ved stuetemperatur.

b) Kom de to mel og bygmalten i en skål og bland de tørre ingredienser. Tilsæt derefter vandet, som du opløste gæren og olivenolien i.

c) Tilføj mere vand; Jeg råder dig til ikke at tilsætte vandet på én gang, det er måske ikke nødvendigt, da det stadig kan tage et stykke tid, det afhænger af optagelsen af melet du bruger. Begynd derefter at bearbejde dejen med krogen på en planetmixer og juster på tilsætning af vand, du bliver nødt til at få en kompakt dej (mere kompakt end pizza, så at sige). I slutningen af behandlingen tilsættes saltet og æltes igen. Tilsæt til sidst de blandede frø og arbejd igen for at fordele dem godt i dejen

d) Fuldfør æltningen i hånden på et wienerbrød og giv dejen en sfærisk form, læg den i en stor smurt skål, dæk med plastfolie og lad den hæve et lunt, lunt sted (ovnen slukket med tændt lys klarer sig fint). Lad den hæve i mindst 3-4 timer eller til den er dobbelt så stor.

e) Når dejen er hævet, tages dejen igen, tømmes for luft og kommes over på et wienerbrød, flad den og laves 3 folder. Fold den som en bog vil sætte mere gang i den anden hævning. Arranger nu brødet på en plade bagepapir, med lukningen nedad, og læg det i en kurv, så det hæver i højden.

f) Efter en time vil brødet have hævet, opvarm ovnen til 240° med bagepladen indeni. Når det har nået den rigtige temperatur, placeres brødet (med alt bagepapir) direkte på den plade, der var forvarmet i ovnen, og brødet tilberedes på nederste hylde.

g) For at opnå den sprøde skorpeeffekt skal du bage brødet ved 240° i 15 minutter, derefter sænke temperaturen til 180° og fortsætte med at stege i yderligere 30 minutter, til sidst hæve det igen til 200° i 10 minutter. Når brødet er færdigt, tages det ud af ovnen og overføres til en rist for at lade det køle af.

h) Tjene

69. Focaccia

INGREDIENSER:
- 2¼ tsk aktiv tørgær
- 3 kopper Brødmel
- ½ tsk salt
- ½ tsk sukker
- 1 kop vand; plus
- 2 spsk vand
- 1 spsk Olivenolie
- 2 spsk ekstra jomfru olivenolie
- 2 tsk groft salt
- Friskkværnet sort peber

INSTRUKTIONER:
MASKINPROCEDURE

a) Tilføj ingredienser, undtagen toppings, i den rækkefølge, der er angivet i din bagemaskines brugermanual. Sæt brødmaskinen på dej/manuel indstilling. I slutningen af programmet skal du trykke på slet/stop. For at slå dejen ned, tryk på start og lad ælte i 60 sekunder. Tryk på slet/stop igen. Fjern dejen og lad den hvile i 5 minutter, før den formes i hånden.

b) Hvis din brødmaskine ikke har en dej/manuel indstilling, skal du følge den normale brødfremstillingsprocedure, men lad dejen kun ælte én gang. I slutningen af æltecyklussen trykkes på clear/stop. Lad dejen hæve i 60 minutter, tjek efter de første 30 minutter for at sikre dig, at dejen ikke hæver for meget og rører ved låget. Tryk på start og lad maskinen køre i 60 sekunder for at slå dejen ned.

c) Tryk på slet/stop igen. Fjern dejen og lad den hvile i 5 minutter, før den formes i hånden.

HÅNDFORMNINGSTEKNIK:

d) Drys hænderne med mel. Med fingerspidserne fordeles dejen jævnt i en 13- X 9- X 1-tommer let olieret bradepande. Dæk med en ren køkkenklud.

e) Lad hæve indtil fordoblet højde, cirka 30 til 60 minutter.

f) Forvarm ovnen til 400F.

g) Lav lette fordybninger med fingerspidserne i overfladen af den hævede dej. Pensl med ekstra jomfru olivenolie og drys med groft salt og sort peber.

h) Bages på nederste rille i ovnen i cirka 30 til 35 minutter, eller indtil de er gyldenbrune. Lad afkøle i gryden.

i) Skær i tolv lige store stykker og server ved stuetemperatur.

70.Focaccia Di Mele

INGREDIENSER:

DEJ:
- 1 lille æble, udkernet og delt i kvarte
- 2 kopper ubleget hvidt mel
- ¼ teskefuld kanel
- 1 spsk sukker eller 2 t honning
- 1 Små t hurtighævende gær
- ¼ teskefuld salt
- ⅓ til ½ kop varmt postevand
- ⅓ kop rosiner

FYLDNING:
- 4 mellemstore æbler
- Saft af ½ citron
- Knib hvid peber
- Knib nelliker
- Knib kardemomme
- Knip muskatnød
- Knib malet ingefær
- 1 tsk vaniljeekstrakt
- ⅓ Kop sukker eller honning
- ½ kop brun farin el
- 2 spiseskefulde melasse
- 1 tsk majsstivelse

GLASUR:
- 2 spsk abrikosmarmelade eller konserves
- 1 tsk vand

INSTRUKTIONER:

DEJ:

a) Behandl kvarte æble i foodprocessor i ca. 20 sekunder; overfør til en separat skål.

b) Tilsæt 2 kopper mel, kanel, sukker eller honning, gær og salt, hvis det ønskes, til foodprocessor; behandle 5 sekunder. Tilføj forarbejdet æble; proces i yderligere 5 sekunder.

c) Mens processoren kører, tilsæt gradvist ⅓ kop varmt vand gennem føderøret. Stop maskinen og lad dejen hvile i cirka 20 sekunder. Fortsæt behandlingen og tilsæt vand gradvist gennem føderøret, indtil dejen danner en blød kugle, og skålens sider er rene. Puls 2 eller 3 gange mere.

d) Drys rosiner og 1 spiseskefuld mel på en ren overflade. Vend dejen på overfladen og ælt i cirka 1 minut for at inkorporere rosiner. Tilsæt mel, hvis dejen er meget klistret.

e) Mel let inde i plastikposen. Læg dejen i posen, forsegl og lad hvile i 15 til 20 minutter på et varmt, mørkt sted.

f) Rul dejen til en cirkel på 12 til 14 tommer i diameter. Læg i olieret stegepande eller en bageplade.

g) Dæk til med et køkkenrulle og stil til side et lunt sted, mens du forbereder fyldet.

h) Forvarm ovnen til 400 grader.

FYLDNING:

i) Udkern og skær æbler i tynde skiver. Drys citronsaft over æbleskiver. Tilsæt de resterende fyldningsingredienser og bland godt.

j) Ske fyld i dejen. Bages i 20 minutter, og drej derefter panden 180 grader. Reducer ovntemperaturen til 375 grader, og bag i yderligere 20 minutter, eller indtil æblerne er brune. Afkøl på panden i 5 minutter. Fjern fra panden og afkøl grundigt på rist.

GLASUR:

k) I en lille gryde smeltes syltetøj eller konserves. Tilsæt vand, og bring det i kog under kraftig omrøring. Pensl glasuren over æbler og server.

71. Schiacciata

INGREDIENSER:
- 4 kopper brødmel
- 2 tsk instant gær
- 2 tsk salt
- 1½ dl lunkent vand
- Ekstra jomfru oliven olie
- Groft havsalt
- Valgfrit: Frisk rosmarin eller andre krydderurter

INSTRUKTIONER:

a) Kombiner brødmel, instant gær og salt i en stor røreskål. Bland godt.

b) Tilsæt gradvist det lunkne vand til de tørre ingredienser, rør med en ske eller dine hænder, indtil der dannes en klistret dej.

c) Læg dejen over på en let meldrysset overflade og ælt i cirka 5 minutter, indtil dejen bliver glat og elastisk.

d) Læg den æltede dej i en let olieret skål, dæk den med et rent køkkenrulle, og lad den hæve et lunt sted i cirka 1-2 timer, eller til den fordobles i størrelse.

e) Når dejen er hævet, tømmes den forsigtigt luften ud og overføres til en bageplade beklædt med bagepapir.

f) Brug dine hænder til at trykke og strække dejen, så den passer til bagepladen, så du får en rektangulær eller oval form. Dejen skal være omkring ½ tomme tyk.

g) Dryp generøst olivenolie over overfladen af dejen, og fordel den jævnt med hænderne.

h) Drys groft havsalt over toppen, tryk det let ned i dejen.

i) Valgfrit: Hvis det ønskes, drys friske rosmarinblade eller andre krydderurter ud over overfladen af schiacciataen.

j) Dæk bagepladen med et køkkenrulle og lad dejen hæve i yderligere 30 minutter.

k) Forvarm ovnen til 220°C (425°F).

l) Når dejen er hævet, sættes bagepladen i den forvarmede ovn og bages i cirka 15-20 minutter, eller indtil schiacciataen bliver gyldenbrun og sprød i kanterne.

m) Tag schiacciataen ud af ovnen og lad den køle lidt af på en rist inden den skæres i skiver og serveres.

72.Pane Di Altamura

INGREDIENSER:
- 4 kopper durumhvedemel (Semola di grano duro rimacinata)
- 1½ dl lunkent vand
- 2 tsk salt
- 1 tsk sukker
- 2 tsk frisk gær (eller 1 tsk instant gær)
- Ekstra jomfru olivenolie (til smøring)

INSTRUKTIONER:

a) Kombiner durumhvedemel, salt og sukker i en stor røreskål. Bland godt.

b) Opløs den friske gær i lunkent vand (eller følg vejledningen, hvis du bruger instantgær) og lad den sidde i et par minutter, indtil den bliver skummende.

c) Lav en brønd i midten af melblandingen og hæld gærblandingen heri.

d) Bland gradvist ingredienserne sammen, enten med en ske eller hænderne, indtil der dannes en klistret dej.

e) Læg dejen over på en let meldrysset overflade og ælt i cirka 10 minutter, indtil den bliver glat og elastisk.

f) Form dejen til en rund kugle og læg den i en let olieret skål. Dæk skålen med et rent køkkenrulle og lad den hæve et lunt sted i cirka 2-3 timer, eller til den fordobles i størrelse.

g) Når dejen er hævet, tømmes den forsigtigt luften ud og overføres til en bageplade beklædt med bagepapir.

h) Form dejen til et rundt eller ovalt brød, så den får en glat overflade.

i) Brug en skarp kniv eller et barberblad til at lave diagonale skråstreg eller et krydsmønster på toppen af brødet.

j) Dæk brødet til med et rent køkkenrulle og lad det hæve i yderligere 1-2 timer, eller indtil det synligt udvider sig.

k) Forvarm ovnen til 220°C (425°F).

l) Når brødet er hævet, sættes det i den forvarmede ovn og bages i cirka 40-45 minutter, eller indtil brødet får en gyldenbrun skorpe og lyder hult, når der bankes på bunden.

m) Tag Pane di Altamura ud af ovnen og lad den køle af på en rist, inden den skæres i skiver og serveres.

73. Rude Casareccio

INGREDIENSER:
- 4 kopper brødmel
- 2 tsk instant gær
- 2 tsk salt
- 1½ dl lunkent vand
- Ekstra jomfru olivenolie (til smøring)

INSTRUKTIONER:
a) Kombiner brødmel, instant gær og salt i en stor røreskål. Bland godt.
b) Tilsæt gradvist det lunkne vand til de tørre ingredienser under omrøring med en ske eller dine hænder, indtil der dannes en dej.
c) Læg dejen over på en let meldrysset overflade og ælt i cirka 10 minutter, indtil den bliver glat og elastisk.
d) Form dejen til en rund kugle og læg den i en let olieret skål. Dæk skålen til med et rent køkkenrulle og lad den hæve et lunt sted i cirka 1-2 timer, eller til den fordobles i størrelse.
e) Når dejen er hævet, tømmes den forsigtigt luften ud og overføres til en bageplade beklædt med bagepapir.
f) Form dejen til et rundt eller ovalt brød, så den får et rustikt udseende. Du kan også dele dejen i mindre portioner for at lave individuelle brød.
g) Dæk brødet til med et rent køkkenrulle og lad det hæve i yderligere 1-2 timer, eller indtil det synligt udvider sig.
h) Forvarm ovnen til 220°C (425°F).
i) Valgfrit: Før bagningen skæres toppen af brødet let med en skarp kniv eller et barberblad for at skabe et dekorativt mønster.
j) Sæt bagepladen med brødet i den forvarmede ovn og bag i cirka 30-35 minutter, eller indtil brødet udvikler en gyldenbrun skorpe og lyder hult, når der bankes på bunden.
k) Tag Pane Casareccio ud af ovnen og lad den køle af på en rist, inden den skæres i skiver og serveres.

74.Rude Toscano

INGREDIENSER:
- 4 kopper brødmel
- 2 tsk instant gær
- 1½ dl lunkent vand
- Ekstra jomfru olivenolie (til smøring)

INSTRUKTIONER:
a) I en stor røreskål kombineres brødmel og instant gær. Bland godt.
b) Tilsæt gradvist det lunkne vand til de tørre ingredienser, rør med en ske eller dine hænder, indtil der dannes en klistret dej.
c) Læg dejen over på en let meldrysset overflade og ælt i cirka 10 minutter, indtil den bliver glat og elastisk.
d) Form dejen til en rund kugle og læg den i en let olieret skål. Dæk skålen til med et rent køkkenrulle og lad den hæve et lunt sted i cirka 1-2 timer, eller til den fordobles i størrelse.
e) Når dejen er hævet, tømmes den forsigtigt luften ud og overføres til en bageplade beklædt med bagepapir.
f) Form dejen til et rundt eller ovalt brød, så den får et rustikt udseende.
g) Dæk brødet til med et rent køkkenrulle og lad det hæve i yderligere 1-2 timer, eller indtil det synligt udvider sig.
h) Forvarm ovnen til 220°C (425°F).
i) Valgfrit: Før bagningen skæres toppen af brødet let med en skarp kniv eller et barberblad for at skabe et dekorativt mønster.
j) Sæt bagepladen med brødet i den forvarmede ovn og bag i cirka 30-35 minutter, eller indtil brødet udvikler en gyldenbrun skorpe og lyder hult, når der bankes på bunden.
k) Tag Pane Toscano ud af ovnen og lad den køle af på en rist, inden den skæres i skiver og serveres.

75.Pane Di Semola

INGREDIENSER:
- 4 kopper semuljemel
- 2 tsk instant gær
- 2 tsk salt
- 1½ dl lunkent vand
- Ekstra jomfru olivenolie (til smøring)

INSTRUKTIONER:
a) I en stor røreskål kombineres semuljemel, instant gær og salt. Bland godt.
b) Tilsæt gradvist det lunkne vand til de tørre ingredienser, rør med en ske eller dine hænder, indtil der dannes en klistret dej.
c) Læg dejen over på en let meldrysset overflade og ælt i cirka 10 minutter, indtil den bliver glat og elastisk.
d) Form dejen til en rund kugle og læg den i en let olieret skål. Dæk skålen til med et rent køkkenrulle og lad den hæve et lunt sted i cirka 1-2 timer, eller til den fordobles i størrelse.
e) Når dejen er hævet, tømmes den forsigtigt luften ud og overføres til en bageplade beklædt med bagepapir.
f) Form dejen til et rundt eller ovalt brød, så den får et rustikt udseende.
g) Dæk brødet til med et rent køkkenrulle og lad det hæve i yderligere 1-2 timer, eller indtil det synligt udvider sig.
h) Forvarm ovnen til 220°C (425°F).
i) Valgfrit: Før bagningen skæres toppen af brødet let med en skarp kniv eller et barberblad for at skabe et dekorativt mønster.
j) Sæt bagepladen med brødet i den forvarmede ovn og bag i cirka 30-35 minutter, eller indtil brødet udvikler en gyldenbrun skorpe og lyder hult, når der bankes på bunden.
k) Tag Pane di Semola ud af ovnen og lad den køle af på en rist, inden den skæres i skiver og serveres.

76.Rude Al Pomodoro

INGREDIENSER:
- 4 kopper brødmel
- 2 tsk instant gær
- 2 tsk salt
- 250 ml (1 kop) lunkent vand
- 2 spsk tomatpure eller purerede tomater
- 2 spsk ekstra jomfru olivenolie
- Tørrede urter såsom oregano, basilikum eller timian (valgfrit)

INSTRUKTIONER:

a) Kombiner brødmel, instant gær og salt i en stor røreskål. Bland godt.

b) I en separat skål opløses tomatpuréen eller purerede tomater i det lunkne vand, indtil det er godt blandet.

c) Tilsæt tomat-vand-blandingen og olivenolie til de tørre ingredienser. Bland med en træske eller en røremaskine udstyret med en dejkrog, indtil der dannes en klistret dej.

d) Læg dejen over på en let meldrysset overflade og ælt i cirka 10 minutter, indtil den bliver glat og elastisk.

e) Læg dejen i en let olieret skål, dæk den med et rent køkkenrulle, og lad den hæve et lunt sted i cirka 1-2 timer, eller til den fordobles i størrelse.

f) Når dejen er hævet, tømmes den forsigtigt luften ud og overføres til en bageplade beklædt med bagepapir.

g) Form dejen til et rundt eller ovalt brød, så den får et rustikt udseende.

h) Dæk brødet til med et rent køkkenrulle og lad det hæve i yderligere 1-2 timer, eller indtil det synligt udvider sig.

i) Forvarm ovnen til 220°C (425°F).

j) Valgfrit: Før bagning bør du pensle toppen af brødet med olivenolie og drysse tørrede krydderurter på toppen for at få ekstra smag og aroma.

k) Sæt bagepladen med brødet i den forvarmede ovn og bag i cirka 30-35 minutter, eller indtil brødet udvikler en gyldenbrun skorpe og lyder hult, når der bankes på bunden.

l) Tag Pane al Pomodoro ud af ovnen og lad den køle af på en rist, inden den skæres i skiver og serveres.

77.Rude Alle Oliven

INGREDIENSER:
- 4 kopper brødmel
- 2 tsk instant gær
- 2 tsk salt
- 300 ml (1 ¼ kop) lunkent vand
- 100 g (¾ kop) udstenede sorte eller grønne oliven, hakket eller skåret i skiver
- 2 spsk ekstra jomfru olivenolie

INSTRUKTIONER:
a) Kombiner brødmel, instant gær og salt i en stor røreskål. Bland godt.
b) Tilsæt gradvist det lunkne vand til de tørre ingredienser, rør med en ske eller dine hænder, indtil der dannes en klistret dej.
c) Tilsæt de hakkede eller skivede oliven til dejen og ælt i et par minutter, indtil de er jævnt fordelt.
d) Læg dejen over på en let meldrysset overflade og fortsæt med at ælte i cirka 10 minutter, indtil den bliver glat og elastisk.
e) Læg dejen i en let olieret skål, dæk den med et rent køkkenrulle, og lad den hæve et lunt sted i cirka 1-2 timer, eller til den fordobles i størrelse.
f) Når dejen er hævet, tømmes den forsigtigt luften ud og overføres til en bageplade beklædt med bagepapir.
g) Form dejen til et rundt eller ovalt brød, eller du kan lave en traditionel "ciabatta"-form ved at flade dejen lidt ud og forlænge den.
h) Dæk brødet til med et rent køkkenrulle og lad det hæve i yderligere 1-2 timer, eller indtil det synligt udvider sig.
i) Forvarm ovnen til 220°C (425°F).
j) Dryp toppen af brødet med ekstra jomfru olivenolie.
k) Sæt bagepladen med brødet i den forvarmede ovn og bag i cirka 30-35 minutter, eller indtil brødet udvikler en gyldenbrun skorpe og lyder hult, når der bankes på bunden.
l) Tag Pane alle Olive ud af ovnen og lad den køle af på en rist, inden den skæres i skiver og serveres.

78. Rude Alle Noci

INGREDIENSER:
- 4 kopper brødmel
- 2 tsk instant gær
- 2 tsk salt
- 300 ml (1 ¼ kop) lunkent vand
- 100 g (1 kop) valnødder, hakket
- 2 spsk ekstra jomfru olivenolie

INSTRUKTIONER:
a) Kombiner brødmel, instant gær og salt i en stor røreskål. Bland godt.
b) Tilsæt gradvist det lunkne vand til de tørre ingredienser, rør med en ske eller dine hænder, indtil der dannes en klistret dej.
c) Tilsæt de hakkede valnødder til dejen og ælt i et par minutter, indtil de er jævnt fordelt.
d) Læg dejen over på en let meldrysset overflade og fortsæt med at ælte i cirka 10 minutter, indtil den bliver glat og elastisk.
e) Læg dejen i en let olieret skål, dæk den med et rent køkkenrulle, og lad den hæve et lunt sted i cirka 1-2 timer, eller til den fordobles i størrelse.
f) Når dejen er hævet, tømmes den forsigtigt luften ud og overføres til en bageplade beklædt med bagepapir.
g) Form dejen til et rundt eller ovalt brød.
h) Dæk brødet til med et rent køkkenrulle og lad det hæve i yderligere 1-2 timer, eller indtil det synligt udvider sig.
i) Forvarm ovnen til 220°C (425°F).
j) Dryp toppen af brødet med ekstra jomfru olivenolie.
k) Sæt bagepladen med brødet i den forvarmede ovn og bag i cirka 30-35 minutter, eller indtil brødet udvikler en gyldenbrun skorpe og lyder hult, når der bankes på bunden.
l) Tag Pane alle Noci ud af ovnen og lad den køle af på en rist, inden den skæres i skiver og serveres.

79.Rude Alle Erbe

INGREDIENSER:
- 4 kopper brødmel
- 2 tsk instant gær
- 2 tsk salt
- 300 ml (1 ¼ kop) lunkent vand
- 2 spsk ekstra jomfru olivenolie
- 2 spsk blandede friske krydderurter (såsom rosmarin, timian, basilikum, oregano, persille), finthakket

INSTRUKTIONER:
a) Kombiner brødmel, instant gær og salt i en stor røreskål. Bland godt.
b) Tilsæt gradvist det lunkne vand til de tørre ingredienser, rør med en ske eller dine hænder, indtil der dannes en klistret dej.
c) Tilsæt de hakkede friske krydderurter til dejen og ælt i et par minutter, indtil de er jævnt fordelt.
d) Læg dejen over på en let meldrysset overflade og fortsæt med at ælte i cirka 10 minutter, indtil den bliver glat og elastisk.
e) Læg dejen i en let olieret skål, dæk den med et rent køkkenrulle, og lad den hæve et lunt sted i cirka 1-2 timer, eller til den fordobles i størrelse.
f) Når dejen er hævet, tømmes den forsigtigt luften ud og overføres til en bageplade beklædt med bagepapir.
g) Form dejen til et rundt eller ovalt brød.
h) Dæk brødet til med et rent køkkenrulle og lad det hæve i yderligere 1-2 timer, eller indtil det synligt udvider sig.
i) Forvarm ovnen til 220°C (425°F).
j) Dryp toppen af brødet med ekstra jomfru olivenolie.
k) Sæt bagepladen med brødet i den forvarmede ovn og bag i cirka 30-35 minutter, eller indtil brødet udvikler en gyldenbrun skorpe og lyder hult, når der bankes på bunden.
l) Tag Pane alle Erbe ud af ovnen og lad den køle af på en rist, inden den skæres i skiver og serveres.

80. Pane Di Riso

INGREDIENSER:
- 1 kop kogte ris
- 4 kopper brødmel
- 2 tsk instant gær
- 2 tsk salt
- 1 kop lunkent vand
- 2 spsk ekstra jomfru olivenolie

INSTRUKTIONER:
a) Kombiner brødmel, instant gær og salt i en stor røreskål. Bland godt.
b) Tilsæt de kogte ris til de tørre ingredienser og bland for at fordele det jævnt.
c) Tilsæt gradvist det lunkne vand til blandingen under omrøring med en ske eller dine hænder, indtil der dannes en klistret dej.
d) Læg dejen over på en let meldrysset overflade og ælt i cirka 10 minutter, indtil den bliver glat og elastisk.
e) Læg dejen i en let olieret skål, dæk den med et rent køkkenrulle, og lad den hæve et lunt sted i cirka 1-2 timer, eller til den fordobles i størrelse.
f) Når dejen er hævet, tømmes den forsigtigt luften ud og overføres til en bageplade beklædt med bagepapir.
g) Form dejen til et rundt eller ovalt brød.
h) Dæk brødet til med et rent køkkenrulle og lad det hæve i yderligere 1-2 timer, eller indtil det synligt udvider sig.
i) Forvarm ovnen til 220°C (425°F).
j) Dryp toppen af brødet med ekstra jomfru olivenolie.
k) Sæt bagepladen med brødet i den forvarmede ovn og bag i cirka 30-35 minutter, eller indtil brødet udvikler en gyldenbrun skorpe og lyder hult, når der bankes på bunden.
l) Tag Pane di Riso ud af ovnen og lad den køle af på en rist, inden den skæres i skiver og serveres.

81.Pane Di Ceci

INGREDIENSER:
- 1½ dl kikærtemel
- 1 ¾ kopper vand
- 3 spsk ekstra jomfru olivenolie
- 1 tsk salt
- Frisk rosmarin eller andre krydderurter (valgfrit)

INSTRUKTIONER:
a) I en røreskål kombineres kikærtemel og vand. Pisk godt, indtil blandingen er jævn og fri for klumper. Lad det hvile i mindst 1 time eller op til natten over for at lade melet hydrere.
b) Forvarm ovnen til 220°C (425°F), og stil en stor støbejernsgryde eller et bradepande i ovnen til opvarmning.
c) Efter hviletiden skummes eventuelt skum af, der måtte være dannet oven på kikærtedejen.
d) Tilsæt olivenolie og salt til dejen og pisk, indtil det er godt blandet.
e) Tag den opvarmede stegepande eller bradepande ud af ovnen og hæld forsigtigt dejen i den, og fordel den jævnt.
f) Hvis det ønskes, drys frisk rosmarin eller andre krydderurter over toppen af dejen.
g) Sæt panden eller bradepanden tilbage i ovnen og bag i cirka 20-25 minutter, eller indtil kanterne er sprøde og gyldenbrune.
h) Tag Pane di Ceci ud af ovnen og lad den køle af i et par minutter, før du skærer den i skiver eller firkanter.
i) Serveres varm eller ved stuetemperatur som tilbehør, forret eller snack.

82.Pane Di Patate

INGREDIENSER:
- 2 ¼ kopper brødmel
- 1½ kopper kogte og kartoffelmos
- 2 tsk instant gær
- 2 tsk salt
- 2 spsk ekstra jomfru olivenolie
- ⅔ kop lunkent vand

INSTRUKTIONER:
a) Kombiner brødmel, instant gær og salt i en stor røreskål. Bland godt.
b) Tilsæt kartoffelmosen til de tørre ingredienser og bland, indtil det er inkorporeret.
c) Tilsæt gradvist det lunkne vand og olivenolie til blandingen under omrøring med en ske eller dine hænder, indtil der dannes en klistret dej.
d) Læg dejen over på en let meldrysset overflade og ælt i cirka 10 minutter, indtil den bliver glat og elastisk.
e) Læg dejen i en let olieret skål, dæk den med et rent køkkenrulle, og lad den hæve et lunt sted i cirka 1-2 timer, eller til den fordobles i størrelse.
f) Når dejen er hævet, tømmes den forsigtigt luften ud og overføres til en bageplade beklædt med bagepapir.
g) Form dejen til et rundt eller ovalt brød.
h) Dæk brødet til med et rent køkkenrulle og lad det hæve i yderligere 1-2 timer, eller indtil det synligt udvider sig.
i) Forvarm ovnen til 220°C (425°F).
j) Skær toppen af brødet med en skarp kniv, og lav et par skråstreg.
k) Sæt bagepladen med brødet i den forvarmede ovn og bag i cirka 30-35 minutter, eller indtil brødet udvikler en gyldenbrun skorpe og lyder hult, når der bankes på bunden.
l) Tag Pane di Patate ud af ovnen og lad den køle af på en rist, inden den skæres i skiver og serveres.

83.Taralli

INGREDIENSER:
- 4 kopper universalmel
- 2 tsk salt
- 2 tsk sukker
- 2 tsk bagepulver
- 120 ml (½ kop) hvidvin
- 120 ml (½ kop) ekstra jomfru olivenolie
- Vand (efter behov)
- Valgfri smagsgivere: fennikelfrø, sort peber, chiliflager mv.

INSTRUKTIONER:
a) I en stor røreskål kombineres mel, salt, sukker og bagepulver. Bland godt.
b) Tilsæt hvidvin og olivenolie til de tørre ingredienser. Bland indtil ingredienserne begynder at samles.
c) Tilsæt vand gradvist, lidt ad gangen, mens du ælter dejen med hænderne, indtil du har en jævn og lidt fast dej. Den nødvendige mængde vand kan variere afhængigt af fugtigheden i dit miljø.
d) Hvis det ønskes, tilsæt smagsstoffer såsom fennikelfrø, sort peber eller chiliflager til dejen. Ælt dejen et par gange mere for at fordele smagen jævnt.
e) Del dejen i mindre portioner og rul hver del til et tyndt reb, cirka 1 cm (0,4 tommer) i diameter.
f) Skær rebet i små stykker, ca. 7-10 cm (2,8-4 tommer) langt.
g) Tag hvert stykke og sæt enderne sammen, så de danner en ringform.
h) Forvarm ovnen til 180°C (350°F).
i) Bring en stor gryde vand i kog. Tilsæt en håndfuld salt til det kogende vand.
j) Slip forsigtigt et par Taralli ad gangen i det kogende vand og kog i cirka 1-2 minutter, eller indtil de flyder op til overfladen.
k) Brug en hulske eller skimmer til at fjerne de kogte Taralli fra vandet, og overfør dem til en bageplade beklædt med bagepapir.
l) Sæt Taralli i den forvarmede ovn og bag dem i cirka 25-30 minutter, eller indtil de bliver gyldenbrune og sprøde.
m) Tag Taralli ud af ovnen og lad dem køle helt af inden servering.

TYRKISK BRØD

84. Simit

INGREDIENSER:
- 4 kopper universalmel
- 1 spsk aktiv tørgær
- 1 spsk sukker
- 1 tsk salt
- 1 spiseskefuld vegetabilsk olie
- 1½ dl varmt vand
- ½ kop melasse (til dypning)
- 1 kop sesamfrø (til overtræk)

INSTRUKTIONER:
a) I en lille skål kombineres det varme vand, sukker og gær. Lad det sidde i cirka 5 minutter, indtil det bliver skummende.
b) I en stor røreskål kombineres mel og salt. Lav en brønd i midten og hæld gærblandingen og vegetabilsk olie i. Bland med en træske eller dine hænder, indtil der dannes en groft dej.
c) Læg dejen over på en meldrysset overflade og ælt i cirka 8-10 minutter, indtil den bliver glat og elastisk. Hvis dejen er for klistret, kan du tilsætte lidt mere mel.
d) Læg dejen i en smurt skål og dæk den med et fugtigt klæde. Lad den hæve et lunt sted i cirka 1-2 timer til den fordobles i størrelse.
e) Forvarm din ovn til 425°F (220°C). Beklæd en bageplade med bagepapir.
f) Slå den hævede dej ned og del den i mindre portioner, på størrelse med en tennisbold. Tag hver portion og rul den til et tyndt reb, cirka 18 tommer langt.
g) Form rebet til en cirkel, der overlapper enderne lidt, og drej dem sammen for at forsegle. Gentag med de resterende dejportioner.
h) Hæld melassen i en lav skål. Dyp hver simit i melassen, og sørg for, at den er jævnt belagt.
i) Fordel sesamfrøene på en flad tallerken. Rul den melassebelagte simit i sesamfrøene, tryk forsigtigt for at sikre, at de klæber til dejen.
j) Placer de belagte simits på den forberedte bageplade. Lad dem hvile i cirka 10-15 minutter.
k) Bag simiten i den forvarmede ovn i cirka 15-20 minutter eller indtil de bliver gyldenbrune.
l) Tag dem ud af ovnen og lad dem køle af på en rist.

85.Ekmek

INGREDIENSER:
- 4 kopper brødmel
- 2 tsk instant gær
- 2 tsk salt
- 2 kopper varmt vand

INSTRUKTIONER:
a) Kombiner brødmel, instant gær og salt i en stor røreskål.
b) Tilsæt det varme vand gradvist, mens du blander med en træske eller dine hænder. Fortsæt med at blande, indtil dejen begynder at samle sig.
c) Kom dejen over på en meldrysset overflade og ælt i cirka 10-15 minutter, indtil den bliver glat og elastisk. Hvis dejen er for klistret, kan du tilsætte lidt mere mel under æltningsprocessen.
d) Læg den æltede dej tilbage i røreskålen og dæk den med et fugtigt klæde. Lad den hæve et lunt sted i cirka 1-2 timer eller til den fordobles i størrelse.
e) Forvarm din ovn til 450°F (230°C). Hvis du har en bagesten eller en bageplade, skal du også sætte den i ovnen til forvarmning.
f) Når dejen er hævet, slås den forsigtigt ned for at frigøre eventuelle luftbobler. Læg dejen ud på en meldrysset overflade og form den til et rundt eller ovalt brød.
g) Læg den formede dej på en bageplade eller en forvarmet bagesten. Lav et par diagonale skråstreg på toppen af brødet med en skarp kniv.
h) Bag ekmeken i den forvarmede ovn i cirka 20-25 minutter, eller indtil den bliver gyldenbrun og lyder hul, når den bankes i bunden.
i) Tag ekmeken ud af ovnen og lad den køle af på en rist inden udskæring og servering.

86.Lahmacun

INGREDIENSER:
TIL DEJEN:
- 2 ½ kopper universalmel
- 1 tsk salt
- 1 tsk instant gær
- 1 tsk sukker
- 1 spsk olivenolie
- ¾ kop varmt vand

TIL TOPPINGEN:
- ½ pund hakket lam eller oksekød
- 1 løg, finthakket
- 2 tomater, fint hakkede
- 1 rød peberfrugt, finthakket
- 3 fed hvidløg, hakket
- 2 spsk tomatpure
- 2 spsk olivenolie
- 2 spsk citronsaft
- 2 tsk stødt spidskommen
- 1 tsk paprika
- 1 tsk tørret oregano
- Salt og peber efter smag

INSTRUKTIONER:
a) I en røreskål kombineres mel, salt, instant gær og sukker. Tilsæt olivenolie og varmt vand. Bland godt indtil dejen samles.
b) Kom dejen over på en meldrysset overflade og ælt i cirka 5-7 minutter, indtil den bliver glat og elastisk. Læg dejen tilbage i skålen, dæk den med et fugtigt klæde, og lad den hvile i cirka 30 minutter.
c) Tilbered imens toppingblandingen. I en separat skål kombineres det hakkede lam eller oksekød, finthakket løg, tomater, rød peberfrugt, hakket hvidløg, tomatpasta, olivenolie, citronsaft, stødt spidskommen, paprika, tørret oregano, salt og peber. Bland godt for at kombinere alle ingredienserne.
d) Forvarm din ovn til den højeste temperaturindstilling (normalt omkring 500°F eller 260°C).

e) Del dejen i mindre portioner. Tag en portion ad gangen og rul den ud til en tynd, rund form, cirka 8-10 centimeter i diameter. Læg den udrullede dej på en bageplade eller en pizzasten.

f) Fordel et tyndt lag af toppingblandingen jævnt på dejen, efterlad en lille kant rundt om kanterne.

g) Gentag processen med de resterende dejportioner og toppingblandingen.

h) Sæt den tilberedte lahmacun i den forvarmede ovn og bag i ca. 8-10 minutter, eller indtil kanterne af dejen bliver gyldenbrune og toppingen er gennemstegt.

i) Tag lahmacunen ud af ovnen og lad den køle af i et par minutter, inden den skæres i skiver. Den er traditionelt rullet sammen og serveret med et skvæt citronsaft og frisk persille.

87. Bazlama

INGREDIENSER:
- 4 kopper universalmel
- 2 tsk instant gær
- 1 tsk sukker
- 1 tsk salt
- 1½ dl varmt vand
- 2 spsk olivenolie

INSTRUKTIONER:

a) I en lille skål kombineres det varme vand, sukker og instant gær. Lad det sidde i cirka 5 minutter, indtil det bliver skummende.

b) I en stor røreskål kombineres mel og salt. Lav en brønd i midten og hæld gærblandingen og olivenolie i. Bland med en træske eller dine hænder, indtil der dannes en pjusket dej.

c) Kom dejen over på en meldrysset overflade og ælt i cirka 5-7 minutter, indtil den bliver glat og elastisk. Hvis dejen er for klistret, kan du tilsætte lidt mere mel under æltningsprocessen.

d) Læg den æltede dej tilbage i røreskålen og dæk den med et fugtigt klæde. Lad den hæve et lunt sted i cirka 1-2 timer eller til den fordobles i størrelse.

e) Når dejen er hævet, slås den ned for at frigøre eventuelle luftbobler. Del dejen i lige store portioner, alt efter den ønskede størrelse på bazlamaen.

f) Tag en portion dej og rul den ud til en rund eller oval form, cirka ¼ tomme tyk. Gentag med de resterende dejportioner.

g) Opvarm en bageplade eller en stor non-stick stegepande over medium varme. Læg den udrullede dej på den opvarmede overflade og steg i cirka 2-3 minutter på hver side, eller indtil den puster lidt op og udvikler gyldne brune pletter.

h) Fjern den kogte bazlama fra gryden eller stegepanden og pak den ind i et rent køkkenrulle for at holde den varm og blød. Gentag processen med de resterende dejportioner.

88. Sırıklı Ekmek

INGREDIENSER:
- 4 kopper universalmel
- 2 tsk instant gær
- 1 tsk sukker
- 1 tsk salt
- 1½ dl varmt vand
- 2 spsk olivenolie
- Sesamfrø (valgfrit, til topping)
- Træspyd (forudblødt i vand for at forhindre brænding)

INSTRUKTIONER:
a) I en lille skål kombineres det varme vand, sukker og instant gær. Lad det sidde i cirka 5 minutter, indtil det bliver skummende.
b) I en stor røreskål kombineres mel og salt. Lav en brønd i midten og hæld gærblandingen og olivenolie i. Bland med en træske eller dine hænder, indtil der dannes en pjusket dej.
c) Kom dejen over på en meldrysset overflade og ælt i cirka 5-7 minutter, indtil den bliver glat og elastisk. Hvis dejen er for klistret, kan du tilsætte lidt mere mel under æltningsprocessen.
d) Læg den æltede dej tilbage i røreskålen og dæk den med et fugtigt klæde. Lad den hæve et lunt sted i cirka 1-2 timer eller til den fordobles i størrelse.
e) Når dejen er hævet, slås den ned for at frigøre eventuelle luftbobler. Del dejen i lige store portioner.
f) Tag en portion dej og rul den ud til et langt og tyndt rektangel, cirka ⅛ tomme tykt.
g) Vikl forsigtigt den udrullede dej rundt om et gennemblødt træspyd, start fra den ene ende og spiral den op til den anden ende. Tryk enderne af dejen godt fast for at fastgøre den på spyddet.
h) Gentag processen med de resterende dejportioner og spyd.
i) Opvarm en grill eller kulild til medium-høj varme.
j) Placer den udskårne dej på grillen eller over kulilden, og drej den af og til for at sikre ensartet tilberedning. Kog i cirka 5-7 minutter, eller indtil brødet bliver gyldenbrunt og sprødt.
k) Når den er tilberedt, fjern sırıklı ekmek fra spyddene og drys sesamfrø over brødet, hvis det ønskes.

89. Lavaş

INGREDIENSER:
- 4 kopper universalmel
- 1 tsk salt
- 1½ dl varmt vand
- 2 spsk olivenolie
- Ekstra mel til aftørring

INSTRUKTIONER:
a) Kombiner mel og salt i en stor røreskål, hvilket skaber en brønd i midten. Det er her du hælder de øvrige ingredienser i.
b) Hæld det varme vand og olivenolie i brønden. Bland gradvist de våde ingredienser i melet med en træske eller dine hænder.
c) Fortsæt med at blande, indtil der dannes en grov dej. Hvis det føles for tørt, tilsæt lidt mere vand; hvis det føles for klistret, drys en lille mængde mel i.
d) Flyt dejen over på en ren, meldrysset overflade og begynd at ælte. Brug hælen på din hånd til at skubbe dejen væk fra dig, fold den derefter tilbage mod dig og gentag. Fortsæt med at ælte i cirka 5-7 minutter, indtil dejen bliver glat og elastisk.
e) Læg den æltede dej tilbage i røreskålen og dæk den med et fugtigt klæde. Lad dejen hvile i cirka 30 minutter, så den kan slappe af og blive lettere at arbejde med.
f) Forvarm en non-stick stegepande eller stegepande over medium varme.
g) Del den hvilede dej i mindre portioner. Tag en portion ad gangen og rul den ud til en tynd, cirkulær form. Drys dejen let med mel efter behov for at undgå at klæbe.
h) Flyt forsigtigt den udrullede dej over på den forvarmede stegepande eller rist. Kog i cirka 1-2 minutter på hver side, eller indtil brødet puster op og udvikler lysebrune pletter. Gentag med de resterende dejportioner.
i) Når hvert lavaş-brød er tilberedt, skal du stable dem på et rent køkkenrulle for at holde dem varme og smidige.
j) Server det friskkogte lavaş-brød lunt, enten ved at pakke det rundt om fyld efter eget valg eller ved at servere det sammen med dips, kebab eller andre retter.

90.Acı Ekmeği

INGREDIENSER:
- 4 kopper universalmel
- 2 tsk instant gær
- 1 tsk salt
- 1 spsk sukker
- 1 spsk stødt spidskommen
- 1 spsk paprika
- 1 tsk chiliflager (tilpas efter smag)
- 1 tsk tørret oregano
- 1 tsk hvidløgspulver
- 1 kop varmt vand
- 3 spsk olivenolie
- Ekstra mel til aftørring

INSTRUKTIONER:

a) I en stor røreskål kombineres mel, instant gær, salt, sukker, spidskommen, paprika, chiliflager, tørret oregano og hvidløgspulver. Bland godt for at fordele krydderierne jævnt.

b) Lav en brønd i midten af de tørre ingredienser og hæld det varme vand og olivenolie i.

c) Bland gradvist de våde og tørre ingredienser sammen med en træske eller dine hænder, indtil der dannes en klistret dej.

d) Læg dejen over på en let meldrysset overflade og ælt i cirka 5-7 minutter, indtil dejen bliver glat og elastisk. Hvis dejen er for klistret, så tilsæt lidt mere mel under æltningsprocessen.

e) Læg den æltede dej tilbage i røreskålen, dæk den med et fugtigt klæde, og lad den hæve et lunt sted i ca. 1-2 timer, eller indtil den fordobles i størrelse.

f) Forvarm din ovn til 425°F (220°C). Beklæd en bageplade med bagepapir.

g) Når dejen er hævet, slås den ned for at frigøre eventuelle luftbobler. Overfør dejen til en meldrysset overflade og del den i lige store portioner.

h) Tag en portion af dejen og form den til et rundt eller ovalt brød. Læg det på den forberedte bageplade. Gentag med de resterende dejportioner, mens der er lidt mellemrum mellem hvert brød.

i) Brug en skarp kniv til at skære toppen af brødene i et diagonalt mønster.
j) Bag Acı Ekmeği i den forvarmede ovn i cirka 15-20 minutter, eller indtil brødet er gyldenbrunt og lyder hult, når du banker på bunden.
k) Når brødet er bagt, tages det ud af ovnen og køles af på en rist.

91.Peksimet

INGREDIENSER:
- Forældede brødskiver
- Honning, druesirup eller melasse (valgfrit)
- Sesamfrø eller kanel (valgfrit)

INSTRUKTIONER:
a) Forvarm din ovn til den laveste temperaturindstilling, normalt omkring 200°F (93°C).
b) Skær det gamle brød i tynde stykker. Du kan skære dem i enhver ønsket form, såsom firkanter eller rektangler.
c) Arranger brødskiverne på en bageplade i et enkelt lag, og sørg for, at de ikke overlapper hinanden. Du skal muligvis have flere bageplader eller bage i partier, afhængigt af mængden af brød.
d) Sæt bagepladerne i den forvarmede ovn og lad brødskiverne bage i cirka 2-3 timer, eller til de er blevet helt tørre og sprøde. Bagetiden kan variere afhængigt af brødets tykkelse og din ønskede sprødhedsgrad.
e) Når brødskiverne er tørre og sprøde, tag dem ud af ovnen og lad dem køle helt af.
f) På dette tidspunkt kan du nyde den almindelige peksimet, som den er, eller du kan tilføje nogle smagsstoffer, hvis det ønskes. For et strejf af sødme kan du pensle peksimet med honning, druesirup eller melasse, mens de stadig er varme.
g) Alternativt kan du drysse sesamfrø eller kanel over peksimet for ekstra smag.
h) Lad peksimet køle af og tørre helt, inden du opbevarer dem i en lufttæt beholder. De bliver endnu mere sprøde, når de afkøles.

92.Cevizli Ekmek

INGREDIENSER:
- 4 kopper universalmel
- 2 tsk instant gær
- 1 tsk salt
- 1 spsk sukker
- 1½ dl varmt vand
- ½ kop hakkede valnødder
- Ekstra mel til aftørring

INSTRUKTIONER:
a) I en stor røreskål kombineres mel, instant gær, salt og sukker. Bland godt for at fordele de tørre ingredienser jævnt.
b) Lav en brønd i midten af den tørre blanding og hæld det varme vand i. Rør blandingen, indtil den begynder at samle sig.
c) Læg dejen over på en ren, meldrysset overflade og ælt i cirka 5-7 minutter, indtil dejen bliver glat og elastisk.
d) Tilsæt mere mel, hvis det er nødvendigt for at undgå at klæbe.
e) Når dejen er godt æltet, lægges den tilbage i røreskålen. Dæk skålen til med et fugtigt klæde og lad dejen hæve et lunt sted i cirka 1-2 timer, eller til den fordobles i størrelse.
f) Forvarm din ovn til 425°F (220°C). Beklæd en bageplade med bagepapir.
g) Når dejen er hævet, slås den ned for at frigøre eventuelle luftbobler. Flyt dejen over på en meldrysset overflade og flad den ud til en rektangel eller oval form.
h) Drys de hakkede valnødder jævnt ud over dejens overflade. Pres forsigtigt valnødderne ned i dejen, så de hæfter.
i) Rul dejen stramt op fra den ene ende, og lav en kugleform med valnødderne indeni. Klem sømmene og enderne for at forsegle.
j) Læg den formede dej på den forberedte bageplade. Dæk det til med et rent klæde og lad det hvile i cirka 15-20 minutter.
k) Bag Cevizli Ekmek i den forvarmede ovn i cirka 25-30 minutter, eller indtil brødet er gyldenbrunt og lyder hult, når du banker på bunden.
l) Når brødet er bagt, skal du tage brødet ud af ovnen og lade det køle af på en rist inden det skæres i skiver og serveres.

93.Yufka

INGREDIENSER:
- 4 kopper universalmel
- 1 tsk salt
- 1½ dl varmt vand
- 2 spsk olivenolie
- Ekstra mel til aftørring

INSTRUKTIONER:
a) I en stor røreskål kombineres mel og salt. Lav en brønd i midten.
b) Hæld det varme vand og olivenolie i brønden. Bland gradvist de våde ingredienser i melet med en træske eller dine hænder.
c) Fortsæt med at blande, indtil der dannes en grov dej. Hvis det føles for tørt, tilsæt lidt mere vand; hvis det føles for klistret, drys en lille mængde mel i.
d) Læg dejen over på en ren, meldrysset overflade og ælt i cirka 5-7 minutter, indtil dejen bliver glat og elastisk.
e) Del den æltede dej i mindre portioner. Form hver portion til en kugle og dæk dem med et fugtigt klæde. Lad dem hvile i cirka 15-20 minutter for at slappe af gluten.
f) Efter hvile, tag en dejkugle og flad den med hænderne for at skabe en lille skive.
g) Drys arbejdsfladen med mel og rul dejskiven ud så tyndt som muligt. Drej og vend dejen ofte for at sikre en jævn tykkelse.
h) Når den er rullet ud, løfter du forsigtigt yufkaen og lægger den på et rent, tørt klæde eller bageplade for at tørre lidt. Gentag processen med de resterende dejkugler.
i) Lad yufkaen tørre i cirka 10-15 minutter, eller indtil de ikke længere er klistrede at røre ved.
j) Opvarm en non-stick stegepande eller stegepande over medium varme. Kog hver yufka i cirka 1-2 minutter på hver side, eller indtil de udvikler lyse gyldne brune pletter.
k) Efterhånden som hver yufka er tilberedt, skal du stable dem på et rent køkkenrulle for at holde dem varme og smidige.

94.Pide Ekmek

INGREDIENSER:
- 4 kopper universalmel
- 2 tsk instant gær
- 2 tsk sukker
- 2 tsk salt
- 2 spsk olivenolie
- 1½ dl varmt vand
- Valgfri toppings: sesamfrø, nigellafrø eller andre ønskede toppings

INSTRUKTIONER:

a) I en lille skål kombineres det varme vand, sukker og instant gær. Rør godt rundt og lad det sidde i cirka 5-10 minutter, eller indtil blandingen bliver skummende.

b) I en stor røreskål kombineres mel og salt. Lav en brønd i midten og hæld gærblandingen og olivenolie i.

c) Bland gradvist melet i væsken, bland med en ske eller dine hænder, indtil der dannes en dej.

d) Læg dejen over på en meldrysset overflade og ælt den i cirka 10 minutter, eller indtil den bliver glat og elastisk. Tilsæt mere mel, hvis det er nødvendigt for at undgå at klæbe, men undgå at tilføje for meget, da det kan gøre brødet tæt.

e) Læg dejen i en let olieret skål, dæk den med et fugtigt klæde eller plastfolie, og lad den hæve et lunt sted i cirka 1-2 timer, eller til den fordobles i størrelse.

f) Forvarm din ovn til 475°F (245°C) og beklæd en bageplade med bagepapir.

g) Slå den hævede dej ned for at frigøre eventuelle luftbobler og del den i 4 lige store portioner. Form hver del til en aflang oval form, ca. ½ tomme (1 cm) tyk.

h) Læg de formede pidebrød på den forberedte bageplade. Hvis det ønskes, kan du pensle toppen med olivenolie og drysse sesamfrø, nigellafrø eller andre ønskede toppings.

i) Bag pidebrødene i den forvarmede ovn i cirka 12-15 minutter, eller indtil de bliver gyldenbrune og udvikler en let skorpe.

j) Tag pidebrødene ud af ovnen og lad dem køle af et par minutter inden servering.

95.Vakfıkebir Ekmeği

INGREDIENSER:
- 4 kopper brødmel
- 2 tsk instant gær
- 2 tsk sukker
- 2 tsk salt
- 2 spsk olivenolie
- 1½ dl varmt vand

INSTRUKTIONER:

a) I en lille skål kombineres det varme vand, sukker og instant gær. Rør godt rundt og lad det sidde i cirka 5-10 minutter, eller indtil blandingen bliver skummende.

b) Kombiner brødmel og salt i en stor røreskål. Lav en brønd i midten og hæld gærblandingen og olivenolie i.

c) Bland gradvist melet i væsken, bland med en ske eller dine hænder, indtil der dannes en pjusket dej.

d) Læg dejen over på en meldrysset overflade og ælt den i cirka 10 minutter, eller indtil den bliver glat og elastisk. Tilsæt mere mel, hvis det er nødvendigt for at undgå at klæbe, men undgå at tilføje for meget, da det kan gøre brødet tæt.

e) Læg dejen i en let olieret skål, dæk den med et fugtigt klæde eller plastfolie, og lad den hæve et lunt sted i cirka 1-2 timer, eller til den fordobles i størrelse.

f) Forvarm din ovn til 425°F (220°C), og sæt en bagesten eller bageplade i ovnen for også at forvarme.

g) Slå den hævede dej ud for at frigøre eventuelle luftbobler og form den til et rundt eller ovalt brød. Læg brødet på en bageplade beklædt med bagepapir.

h) Dæk dejen med et fugtigt klæde og lad den hvile i cirka 15-20 minutter.

i) Fjern kluden og brug en skarp kniv eller et brød, der halter til at skære toppen af brødet med et par skrå skråstreg.

j) Flyt forsigtigt bagepladen med brødet over på den forvarmede bagesten eller bageplade i ovnen.

k) Bag brødet i cirka 30-35 minutter, eller indtil sværen bliver gyldenbrun og lyder hul, når du banker på bunden.

l) Tag brødet ud af ovnen og lad det køle af på en rist inden det skæres i skiver og serveres.

96.Karadeniz Yöresi Ekmeği

INGREDIENSER:
- 4 kopper brødmel
- 2 tsk instant gær
- 2 tsk sukker
- 2 tsk salt
- 2 spsk olivenolie eller solsikkeolie
- 1½ dl varmt vand

INSTRUKTIONER:
a) I en lille skål kombineres det varme vand, sukker og instant gær. Rør godt rundt og lad det sidde i cirka 5-10 minutter, eller indtil blandingen bliver skummende.
b) Kombiner brødmel og salt i en stor røreskål. Lav en brønd i midten og hæld gærblandingen og olivenolie i.
c) Bland gradvist melet i væsken, bland med en ske eller dine hænder, indtil der dannes en pjusket dej.
d) Læg dejen over på en meldrysset overflade og ælt den i cirka 10 minutter, eller indtil den bliver glat og elastisk. Tilsæt mere mel, hvis det er nødvendigt for at undgå at klæbe, men undgå at tilføje for meget, da det kan gøre brødet tæt.
e) Læg dejen i en let olieret skål, dæk den med et fugtigt klæde eller plastfolie, og lad den hæve et lunt sted i cirka 1-2 timer, eller til den fordobles i størrelse.
f) Forvarm din ovn til 425°F (220°C), og sæt en bagesten eller bageplade i ovnen for også at forvarme.
g) Slå den hævede dej ud for at frigøre eventuelle luftbobler og form den til et rundt eller ovalt brød. Du kan også forme den til en traditionel Karadeniz Yöresi Ekmeği ved at dele dejen i mindre stykker og forme dem til aflange former med tilspidsede ender.
h) Læg den formede dej på en bageplade beklædt med bagepapir.
i) Dæk dejen med et fugtigt klæde og lad den hvile i cirka 15-20 minutter.
j) Fjern kluden og brug en skarp kniv eller et lamt brød til at skære toppen af brødet med et par skrå skråstreg eller skab et mønster, hvis det ønskes.

k) Flyt forsigtigt bagepladen med brødet over på den forvarmede bagesten eller bageplade i ovnen.

l) Bag brødet i cirka 30-35 minutter, eller indtil sværen bliver gyldenbrun og lyder hul, når du banker på bunden.

m) Tag brødet ud af ovnen og lad det køle af på en rist inden det skæres i skiver og serveres.

97.Köy Ekmeği

INGREDIENSER:
- 4 kopper brødmel
- 2 tsk instant gær
- 2 tsk salt
- 2 tsk sukker
- 2 kopper lunkent vand

INSTRUKTIONER:
a) I en lille skål kombineres det lunken vand, sukker og instant gær. Rør godt rundt og lad det sidde i cirka 5-10 minutter, eller indtil blandingen bliver skummende.
b) Kombiner brødmel og salt i en stor røreskål. Lav en brønd i midten og hæld gærblandingen i.
c) Bland gradvist melet i væsken, bland med en ske eller dine hænder, indtil der dannes en pjusket dej.
d) Læg dejen over på en meldrysset overflade og ælt den i cirka 10-15 minutter, eller indtil den bliver glat og elastisk. Tilsæt mere mel, hvis det er nødvendigt for at undgå at klæbe, men undgå at tilføje for meget, da det kan gøre brødet tæt.
e) Læg dejen i en let olieret skål, dæk den med et fugtigt klæde eller plastfolie, og lad den hæve et lunt sted i cirka 1-2 timer, eller til den fordobles i størrelse.
f) Forvarm din ovn til 450°F (230°C), og sæt en bagesten eller bageplade i ovnen for også at forvarme.
g) Slå den hævede dej ud for at frigøre eventuelle luftbobler og form den til et rundt eller ovalt brød. Du kan også dele dejen i mindre portioner og forme dem til individuelle ruller, hvis det ønskes.
h) Læg den formede dej på en bageplade beklædt med bagepapir.
i) Dæk dejen med et fugtigt klæde og lad den hvile i cirka 15-20 minutter.

j) Fjern kluden og brug en skarp kniv eller et lamt brød til at skære toppen af brødet med et par skrå skråstreg eller skab et mønster, hvis det ønskes.

k) Flyt forsigtigt bagepladen med brødet over på den forvarmede bagesten eller bageplade i ovnen.

l) Bag brødet i cirka 30-35 minutter, eller indtil sværen bliver gyldenbrun og lyder hul, når du banker på bunden.

m) Tag brødet ud af ovnen og lad det køle af på en rist inden det skæres i skiver og serveres.

98.Tost Ekmeği

INGREDIENSER:
- 4 kopper brødmel
- 2 tsk instant gær
- 2 tsk sukker
- 2 tsk salt
- 2 spsk olivenolie
- 1½ dl varmt vand

INSTRUKTIONER:

a) I en stor røreskål kombineres brødmel, instantgær, sukker og salt. Bland godt for at fordele de tørre ingredienser jævnt.

b) Tilsæt olivenolien til de tørre ingredienser og bland det i.

c) Hæld gradvist det varme vand i skålen under omrøring. Fortsæt med at blande, indtil dejen begynder at samle sig.

d) Læg dejen over på en let meldrysset overflade og ælt den i cirka 10-15 minutter, eller indtil den bliver glat og elastisk. Tilsæt mere mel, hvis det er nødvendigt for at undgå at klæbe, men undgå at tilføje for meget, da det kan gøre brødet tæt.

e) Form dejen til en kugle og læg den tilbage i røreskålen. Dæk skålen til med et fugtigt klæde eller plastfolie og lad dejen hæve et lunt sted i cirka 1-2 timer, eller til den fordobles i størrelse.

f) Når dejen er hævet, slås den ned for at frigøre eventuelle luftbobler. Overfør dejen til en let meldrysset overflade og del den i lige store portioner, afhængigt af den ønskede størrelse på din Tost Ekmeği.

g) Form hver del til en kugle og flad den derefter til en rektangulær form, cirka 1 cm tyk. Du kan bruge en kagerulle til at hjælpe med at opnå den ønskede form og tykkelse.

h) Læg de flade dejstykker på en bageplade beklædt med bagepapir. Dæk dem med et klæde og lad dem hvile i cirka 15-20 minutter.

i) Forvarm din ovn til 400°F (200°C).

j) Bag Tost Ekmeği i den forvarmede ovn i cirka 15-20 minutter, eller indtil de bliver gyldenbrune og lyder hule, når de bankes på bunden.

k) Tag brødet ud af ovnen og lad det køle af på en rist, inden det skæres i skiver og bruges til sandwich eller ristning.

99.Kaşarlı Ekmek

INGREDIENSER:
- 4 kopper brødmel
- 2 tsk instant gær
- 2 tsk sukker
- 2 tsk salt
- 2 spsk olivenolie
- 1½ dl varmt vand
- 200 gram vegansk smeltende ost, revet
- Valgfrit: nigellafrø eller sesamfrø til topping

INSTRUKTIONER:
a) I en stor røreskål kombineres brødmel, instantgær, sukker og salt. Sørg for en jævn fordeling af de tørre ingredienser.
b) Tilsæt olivenolien til den tørre blanding, inkorporer den grundigt.
c) Hæld gradvist det varme vand i skålen under omrøring. Fortsæt med at blande, indtil dejen begynder at samle sig.
d) Overfør dejen til en let meldrysset overflade og ælt i 10-15 minutter, eller indtil glat og elastisk. Juster med mere mel, hvis det er nødvendigt, undgå for store mængder, der kan gøre brødet tæt.
e) Form dejen til en kugle, læg den tilbage i skålen og dæk med et fugtigt klæde eller plastfolie. Lad den hæve et lunt sted i 1-2 timer, eller til den er dobbelt så stor.
f) Når den er hævet, slås dejen ned for at frigøre luftbobler. Del det i lige store portioner, afhængigt af din ønskede brødstørrelse.
g) Tag en portion, flad den ud til en cirkel eller oval (ca. ½ tomme tyk), og drys generøst revet vegansk ost på den ene halvdel, efterlad en kant.
h) Fold den anden halvdel over osten, tryk på kanterne for at forsegle.
i) Læg det fyldte brød på en bageplade beklædt med bagepapir. Gentag med de resterende dejportioner og ost.
j) Valgfrit: Pensl toppen med en plantebaseret æg-erstatning og drys nigellafrø eller sesamfrø for ekstra smag og visuel appel.
k) Forvarm ovnen til 400°F (200°C).
l) Bag den veganske Kaşarlı Ekmek i 15-20 minutter eller indtil den er gyldenbrun med smeltet og boblende ost.
m) Tag den ud af ovnen og lad den køle lidt af inden servering. Nyd dit lækre plantebaserede twist på denne tyrkiske klassiker!

100.Kete

INGREDIENSER:
- 4 kopper universalmel
- 1 tsk salt
- 1 tsk sukker
- 1 spsk aktiv tørgær
- 1 kop varm mælk
- ½ kop vegetabilsk olie
- 1 æg, pisket (til ægvask)
- Sesamfrø (til topping)

INSTRUKTIONER:
a) I en stor røreskål kombineres mel, salt og sukker og blandes grundigt.
b) I en separat lille skål opløses gæren i den varme mælk. Lad det sidde i cirka 5 minutter, indtil gæren bliver skummende.
c) Lav en brønd i midten af melblandingen og hæld gærblandingen og vegetabilsk olie i. Bland med en ske eller dine hænder, indtil der dannes en blød dej.
d) Overfør dejen til en let meldrysset overflade og ælt i cirka 10 minutter, indtil den bliver glat og elastisk. Tilsæt mere mel, hvis det er nødvendigt for at undgå at klæbe.
e) Læg dejen tilbage i røreskålen, dæk den med et fugtigt klæde, og lad den hæve et lunt sted i 1-2 timer, eller til den fordobles i størrelse.
f) Når dejen er hævet, slås den ned for at frigøre eventuelle luftbobler. Del dejen i lige store portioner baseret på din ønskede Kete-størrelse.
g) Tag en portion og rul den ud til en tynd rektangulær form, cirka 0,5 cm tyk.
h) Pensl overfladen af den udrullede dej med det sammenpiskede æg, og efterlad en lille kant rundt om kanterne.
i) Start fra den ene ende og rul dejen stramt til en kugleform, der ligner en gelérulle.
j) Stræk forsigtigt den rullede dej fra begge ender, så den bliver længere og tyndere.

k) Tag den ene ende af den strakte dej og drej den i en spiralform, der ligner en kanelsnurre. Fortsæt med at dreje, indtil du når den anden ende.
l) Gentag processen med de resterende dele af dejen.
m) Forvarm din ovn til 375°F (190°C) og beklæd en bageplade med bagepapir.
n) Læg de snoede Kete-brød på den forberedte bageplade. Pensl overfladen med det sammenpiskede æg og drys sesamfrø ovenpå.
o) Bag Keten i den forvarmede ovn i 20-25 minutter, eller indtil skorpen bliver gyldenbrun, og brødet er gennemstegt.
p) Tag brødet ud af ovnen og lad det køle af på en rist inden servering. Nyd din hjemmelavede Kete!

KONKLUSION

Når vi afslutter vores smagfulde rejse gennem "Kunsten at bage vegansk brød derhjemme," håber vi, at du har oplevet glæden og tilfredsstillelsen ved at skabe lækkert vegansk brød i dit eget køkken. Hver opskrift på disse sider er en fejring af den kunstneriske, smagsmæssige og grusomhedsfri godhed, som vegansk bagning bringer til dit bord - et vidnesbyrd om de uendelige muligheder i en verden af plantebaseret brødfremstilling.

Uanset om du har nydt enkeltheden ved et klassisk sandwichbrød, omfavnet en surdejs finurlighed eller forkælet dig med sødmen af en morgenmadsgodbid, stoler vi på, at disse 100 opskrifter har inspireret dig til at løfte dine veganske brødfremstillingsevner. Ud over ingredienserne og teknikkerne, må konceptet med at bage vegansk brød blive en kilde til glæde, kreativitet og et lækkert bidrag til en medfølende livsstil.

Mens du fortsætter med at udforske verden af vegansk bagning, må "Kunsten at bage vegansk brød hjemme" være din betroede følgesvend, og guide dig gennem en række lækre muligheder, der gør vegansk brødfremstilling til en dejlig og tilfredsstillende oplevelse. Her er til at omfavne kunsten at være vegansk brød og nyde det gode ved plantebaserede brød - glad bagning!

www.ingramcontent.com/pod-product-compliance
Lightning Source LLC
Chambersburg PA
CBHW071312110526
44591CB00010B/870